TSUKUBASHOBO-BOOKLET

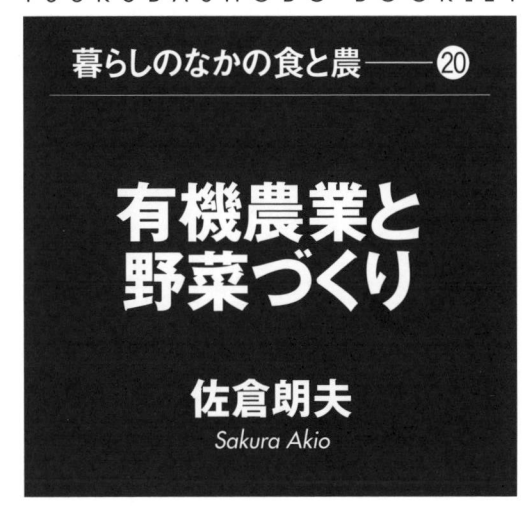

暮らしのなかの食と農——⑳

有機農業と野菜づくり

佐倉朗夫
Sakura Akio

筑波書房ブックレット

まえがき

　筑波書房ブックレット「暮らしのなかの食と農シリーズ」は人間にとって欠かすことの出来ない食と農の問題を読者に分かりやすく、手に入れやすい価格で刊行するものです。

　今回で第7回目となるわけですが、「有機農業」と「都市と農村の交流」で企画しました。

　「有機農業」では米、野菜、畜産という食物の根幹をなす分野を取り上げました。米は稲葉光國『有機農業と米づくり』、野菜は佐倉朗夫『有機農業と野菜づくり』、畜産は大山利男『有機農業と畜産』で構成されます。ともすれば、有機農業は農業近代化に対抗するための、原始的、手作業的なものと誤解されるむきもありますが、そうではなく、生物の持っている生命力を引き出し、自然のもつ力と調和しながら安全な食物の生産をする農法ということができるでしょう。別な言い方をすれば、新しい発見と創造で科学的な食物づくりを進める農法ということができるでしょう。

　また、「都市と農村の交流」では、主として日本におけるグリーン・ツーリズムの実態と実践を山崎光博が『グリーン・ツーリズムの現状と課題』として、農村（むら）で話題・問題となっていることを森川辰夫が『むらの話題、世間の話題』として執筆しております。

　読者の方が、これらの本を読むことによって有機農業に、また活性化が求められる都市と農村の交流に、より強い関心をもたれ豊かな食と農のある生活をおくられるよう心から願っています。

2004年3月

　　　　　　　　　　　　　　　　　　　　　　　　筑波書房

目　次

まえがき　3

Ⅰ　はじめに ……………………………………………………7

Ⅱ　有機農業技術の基本 ……………………………………10
1．野菜の作型　10
　⑴　作型とは　10
　⑵　花成と作型　11
　⑶　トマトの例　12
　⑷　キャベツの例　16
　⑸　作型と有機農業　19
2．輪作　21
3．野菜の種子と自家採種　23
4．土づくり　27
5．堆肥　29
　⑴　堆肥化の原理　29
　⑵　堆肥化の方法　31
6．施肥　34
　⑴　植物の栄養　34
　⑵　有機栄養説　36
7．病害虫防除　38
　⑴　自然生態系の営み　38

(2)　農業生態系の特性　40
　　(3)　有機農業の病害虫防除　41
　8．雑草対策　42

Ⅲ　有機農業技術の具体的な方法 …………………44
　1．堆肥づくり　44
　2．施肥　48
　　(1)　ぼかし肥　48
　　(2)　施肥量の問題　50
　3．病害虫防除　52
　　(1)　虫や病気が発生しにくい環境で栽培する　52
　　(2)　被覆栽培　53
　　(3)　輪作、間作、混作　54
　　(4)　天敵の利用　57
　　(5)　資材による病害虫防除　59
　　(6)　早期発見と早期対策　60
　4．雑草防除　63
　5．その他の栽培技術　65

Ⅳ　おわりに …………………………………………68

〈参考資料〉　70

I　はじめに

　有機農業という言葉を聞いて、どんな農業をイメージするかは人により違うのではないかと思いますが、堆肥などの有機物を十分に使って'土づくり'に力を入れ、農薬や化学肥料を使わない栽培方法というのが一般的ではないでしょうか。もちろん無農薬・無化学肥料は有機農業の本質を示す重要な技術規定ですが、実際の栽培技術を見ますと、その技術的な幅は広く、耕さず・無肥料で除草も行わない自然農法、特殊な酵素や微生物資材、ミネラル資材、水資材を使うもの、また若干の農薬や化学肥料を使うものなど「有機農業」の方法は実に多彩であり、「有機農業」が技術的・農法的な方法を具体的に定義する言葉ではないことがわかります。

　「有機農業」という表現が使われだしたのは1971年頃からで、日本有機農業研究会の発足を契機としています。当時は、野菜の大量生産に向けた産地の育成および主要野菜の生産量を確保することを目的とした野菜生産出荷安定法（1966年）や、その野菜を人口密集都市へ大量に効率的に集めるための卸売市場法（1971年）などが施行されたことからもわかるように、増産・大量生産を至上の政策目標とする中、農業技術の方向は化学化、機械化、施設化による大規模専作化へと進み、野菜産地は少品目多量生産の産地へと変貌した時代でした。

この近代農法は、かなり無理をした産業化によって生産力を増強しようとしたため、畑の土を劣化させ、人間の健康や環境に悪い影響を及ぼすなどの弊害も生みました。こうした状況への反省から「環境破壊を伴わず地力を維持培養しつつ、健康的で味のよい食物を生産する農法」(日本有機農業研究会規則第1条)を追求し、流通のしくみも含めた中で本来あるべき姿の農業の確立を志した人たちが、相互研鑽と提携の場として自主的に結成したのが日本有機農業研究会でした。

　以上の観点から「有機農業」を技術的に見れば、堆肥などの有機物を用いて地力(土が作物を健康に育てる力)を高め、農薬や化学肥料などの健康や環境に悪い影響を与えると考えられる化学物質を使わないで、作物を育てる農業といえると思います。

　一方、有機農産物という言葉があります。一般的には有機農業で生産された農産物という意味でしょうが、これは「農林物資の規格化及び品質表示の適正化に関する法律(略称：JAS法)」に関連する有機食品の検査認証・表示制度(2000年から)で規定されています。

　JAS法での有機農産物は「化学的に合成された肥料及び農薬の使用を避けることを基本として、播種または作付け前2年以上(多年生植物にあっては、最初の収穫前3年以上)の間、堆肥等による土づくりを行ったほ場において生産された農産物」とされ、栽培の方法や使用可能な資材などが決められています。

　これは、多様な方法で実践されている有機農業を包括的に捉えてはいますが、近代農法への反省から有機農業を推進しようという考えよりは、むしろ近年の農産物販売に伴う有機や無農薬、減

農薬等の表示の混乱や、欧米からの有機農産物の輸入増加に対応するために、流通・販売面での整理を行ったという色彩が強いものです。根源的な有機農業は社会のあり方の転換を含めた提案であって、単なる'有機農産物を生産するための農法'ではありません。

　本書での野菜の有機栽培技術は、JAS法での定義には深くこだわらずに、作物の本来持っている生命力を引き出だすことにより健康な野菜を栽培するという視点から考えてみたいと思います。そこでの技術の領域としては土づくり、品種、作付方法、栽培技術、栽培環境などがあげられます。

II 有機農業技術の基本

1．野菜の作型

(1) 作型とは

　野菜には、在来種あるいは地方品種と呼ばれ、地方で古くから作り続けられてきた品種がありますが、これらは栽培地の気候条件や土地条件に適応したものが多く、その地においては品質の良い生産性の高い優れた品種になっています。そして、その多くは長い年月にわたる栽培と採種の繰り返しによって育成された品種と、ともに編み出された栽培管理技術が合理的に結びついて伝承されています。

　そこでは、適温、適土などの気候風土および季節性に関係する「立地」と独自の「品種」、そして防寒、防暑、被覆、潅水、施肥、病害虫防除などの「栽培管理技術」の三つが一体となって一つの栽培の型をなしており、このような季節的な特徴を持ち、明確に認識できる栽培のパターンのことを作型と呼んでいます。

　現在、多くの野菜で周年栽培ができるようになっていますが、これは言うまでもなく種をまく時期を少しずつずらすというような単純なことではなく、季節により変化する環境条件に対応するために、品種、栽培管理技術などに関する様々な技術開発がなされてきた結果です[注1]。

(2) 花成と作型

　植物は生育が進むと生殖器官である花を作るために、根・茎・葉の形成とは質的に異なる変化を起こします。これを花芽分化といいますが、花芽が作られ開花する一連の現象のことを花成と呼びます。

　キャベツ、ダイコンのような葉・根菜類では、花芽が分化するとその後の葉の分化は停止します。充分な生育をしないうちに花芽分化が起こると葉数が増加しないためにキャベツでは結球しないことがあり、ダイコンでは根の肥大が悪くなります。さらに花成が進むと開花の準備として花茎が伸びてきます（とう立ち、または抽だいといいます）。したがって、葉や根を食べる葉・根菜類の栽培では花芽分化までに十分な生育をさせること、抽だいを避けることが課題となります。

　葉・根菜類の多くは一定期間、低温に感応して花芽分化が起こりますが、この現象をバーナリゼーション（春化）といい、そのような植物をバーナリ型植物と呼びます。そして、バーナリ型植物のほとんどは長日条件下で花成が促進され、抽だい・開花が早まります。

　また、バーナリ型植物は、種子が吸水すると同時に低温に感応し花成誘導が可能なシードバーナリ型と、植物が一定の大きさに育ってからでないと花成誘導ができないグリーンバーナリ型とがあります。ハクサイ、ダイコンはシードバーナリ型で、キャベツ、カリフラワー、ブロッコリー、ニンジン、タマネギ、ネギなどはグリーンバーナリ型です。

これらのバーナリ型の野菜の作型開発では、栽培時期と季節性、すなわち播種あるいは定植時期の温度とそれ以降の温度との関係、さらに花成誘導に対する低温の感受性などを考慮し、何時、どんな品種を、どのように栽培するかを決めます。

　一方、トマト、ナス、ピーマン、キュウリなどでは、甚だしい高温や低温では花成が遅れることはありますが、通常は株が適当な大きさになると花を着けます。トマトでは播種してから25〜30日、展開葉数2〜3枚の頃に、まだ外からは見えませんが花芽が形成されます。そして茎が伸張するにしたがって次々に花を着けていきます。すなわち花芽を形成する生殖生長と光合成物質を生産するための葉を形成する栄養生長が共存しています。

　この場合、生殖生長と栄養生長のバランスをとりながら育てるという難しさはありますが、耐寒、耐暑対策しだいで周年栽培が可能となり、作型開発としては栽培施設、病害虫防除、品種の耐病性、耐暑性、耐寒性への対応が中心になります。

　以上のように、花成の生理の違い、さらにはトマト、キュウリ、ナスなどの果菜類のように果実を収穫するものと、キャベツやダイコンの葉・根菜類のように葉や根などの栄養体を収穫するもの、つまり収穫に花成が必要となるか邪魔となるかによって作型を決定する要因も異なります。

(3) トマトの例

　一年中需要が大きいトマトでは多くの作型が開発されてきており、現在では季節を問わず食べることができます。

　トマトの適温は、植物体の生育と果実の成熟の両面を通じて21

有機農業と野菜づくり 13

図1 トマトの作型例

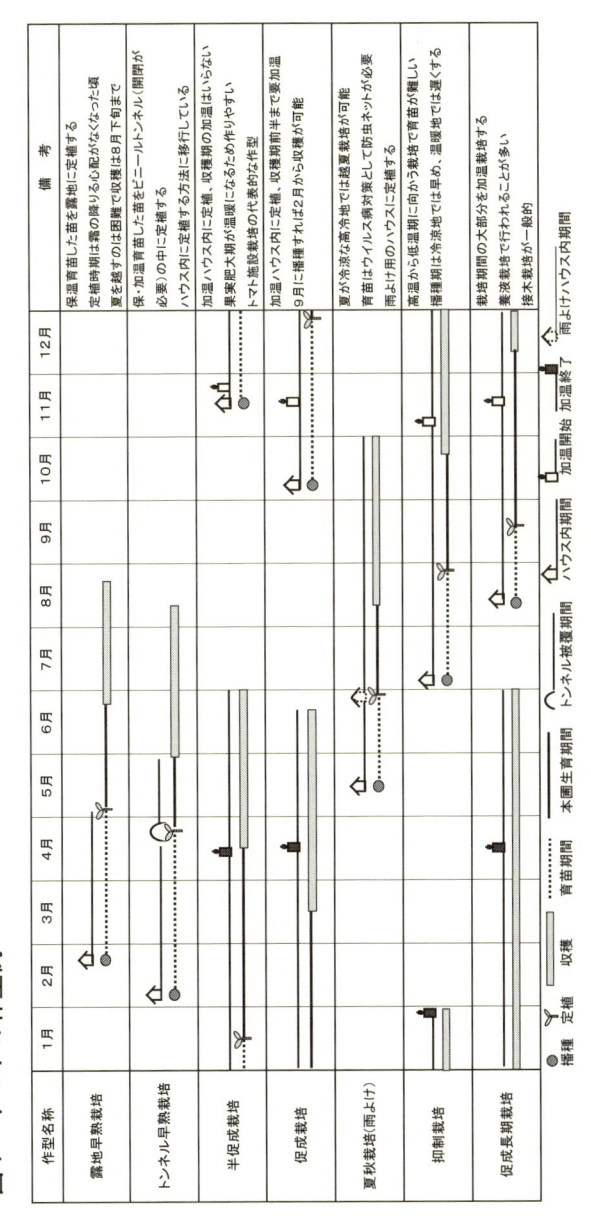

作型名称	1月	2月	3月	4月	5月	6月	7月	8月	9月	10月	11月	12月	備考
露地早熟栽培													保温育苗した苗を露地に定植する 定植時期は霜の降りる心配がなくなった頃 夏を越すのは困難で収穫は8月下旬まで
トンネル早熟栽培													保温・加温育苗した苗をビニールトンネル(開閉が必要)のなかに定植する
半促成栽培													ハウス内に定植する方法に移行している 加温ハウス内に定植、収穫期加温はいらない 果実肥大期が温暖になるためつくりやすい トマト施設栽培の代表的な作型
促成栽培													加温ハウス内に定植、収穫期前半まで要加温 9月に播種すれば2月から収穫可能
夏秋栽培(雨よけ)													夏が冷涼な高冷地では越夏栽培が可能 育苗はウイルス病対策として防虫ネットが必要 雨よけ用のハウスに定植する
抑制栽培													高温から低温期に向かう栽培で育苗が難しい 播種期は冷涼地では早め、温暖地では遅くする
促成長期栽培													栽培期間の大部分を加温栽培する 養液栽培で行われることが多い 雨よけ+ハウス内期間 接木栽培が一般的

● 播種　🌱 定植　■ 収穫　　育苗期間　　本圃生育期間　　トンネル被覆期間　　ハウス内期間　加温開始　加温終了

〜24℃といわれていますが、果菜類の中では低温に耐えるほうで、短時間ならば5℃に下がっても障害を起こしません。果実の発育期での温度管理では昼夜の温度較差が大切で、昼温は光合成が順調にすすむ25〜28℃位が適温で、夜温は光合成物質の葉から果実への転流が行われる前夜半は15℃位、後夜半は余分な呼吸による消耗を抑えるために10℃程度が管理目標温度になります。

　したがって、関東以西の平坦地でみれば、夏を越す栽培は難しく、露地のトマト栽培は2〜3月に播種し、4月下旬から5月上旬に定植して6月から8月にかけて収穫する露地早熟栽培が一般的であり、家庭菜園などでもよく行われています。

　この作型はトマトの生理生態的な面から見ればトマトの標準作型と呼べるものですが、これよりも少し早く収穫するには、ビニールトンネルの中に定植するトンネル早熟栽培があります。収穫は1ヶ月ほど早まりますが、トンネルの開閉労力と保温力の弱さから、パイプハウス内に定植し後半は雨よけハウスとして使う方法が増えてきています。

　さらに早いものは半促成栽培（4〜6月収穫）、促成栽培（3〜6月収穫）です。逆に遅く収穫する作型では抑制栽培（10〜1月収穫）、夜間が涼しい寒・高冷地に適する夏秋栽培（8〜10月収穫）があり、全国的にみれば1年を通して収穫が可能となっています。

　当然、早熟栽培および夏秋栽培以外は施設栽培となり、大型ハウスや暖房機などの施設園芸技術の発達とともに開発が進んだ作型です。さらに、近代農業の究極的な作型として、同じ株で12月から翌年6月まで連続的に収穫する促成長期栽培も一部で行われています。これは重装備の栽培施設と農薬と化学肥料を前提にし

た作型です。

　なお、トマトは条件さえ整えば連続的に生育し花が咲きますが、低温で弱日照条件の栽培となる冬季の施設栽培などでは、花粉がつくられず花が咲いても受粉が行われません。トマトの着果・肥大には原則として受粉が必要ですが、一般には化学合成された植物ホルモン剤（植物生長調節物質と呼ばれる農薬）を外部から与えることで、果実を肥大させています。

　ところで、生食用の大玉トマト栽培では1本の主茎に支柱を立てて伸ばします。これは、一見同じ主茎が連続的に伸びて花をつけているよう見えますが、実は茎の先端（茎頂といいます）は花芽ができるとその茎の伸長は終わり、その腋の新しい茎頂は花芽を押しのけて伸張し、分枝を形成し、そして分枝は3枚葉を発生させた後に花芽をつけて終わり、また分枝がでるということを繰り返しているのです。腋芽は各葉の付け根（葉腋）にも発生しますが、それらは除去し分枝は主茎になる1本だけを伸ばすように整枝します。

　したがって、トマトの生育では常に花芽と葉になる栄養芽が競合する状態にあり、栄養芽の元気がよすぎると花の数が少なく充実も悪くなり、逆では草勢が衰え結実後の果実の肥大が悪くなるので、栄養生長と生殖生長のバランスを保ちながら生育させることが栽培のポイントです。

　そのためには、温度管理以外にも定植する苗の大きさ、養水分調整、品種の特性に合わせた整枝方法などの栽培管理技術を作型により変化させることが必要で、この草勢調節技術はトマトの収穫量に大きく影響します。一例を示せば、春に定植する作型では

定植後の栄養生長が旺盛になりやすいので、第一花房の第一花の開花期が近い大きな苗を、夏から秋に定植する作型では定植後の生育が抑えられるので、播種後30日程度の若い苗を定植するなどです（トマトに限らず、一般的に若い苗は定植後の根の発生と茎葉の生育が旺盛で、老化した苗は植え傷みなどの影響を受けやすく、定植後の生育が劣る傾向にあります）。

(4) キャベツの例

　キャベツの生育期間（播種から収穫まで）は春播きで4～5ヶ月、夏播きで3～4ヶ月、秋播きで5～6ヶ月と、生育速度は温度の影響を強く受けます。幼植物の時は比較的低温に強く、結球後は寒暑に弱いという特性がありますが、生育適温は概ね15～20℃なので、四季の気温差が激しい日本では常に適温下で生育させることはできません。

　また、キャベツは低温に反応して花芽を作るバーナリ型植物ですが、一定の大きさになるまでは低温に遭っても反応しないので、花芽分化前に必要な葉数を確保することは比較的容易であるとされています。

　この様な特性からすると、秋に種をまき、幼植物の時に冬を過ごし、4～6月に収穫する栽培がキャベツの生理生態に適します。この作型は秋播き栽培と呼ばれ、関東以西の平坦地では作りやすい作型です。しかし、あまり早い時期に播種すると低温感応する大きさに早くなってしまうので、温暖地は遅く播くなど地域により播種時期が決まります。品種は、低温に感応しない期間がより長い極早生品種が有利になります[注2]。

有機農業と野菜づくり　17

図2　キャベツの作型例

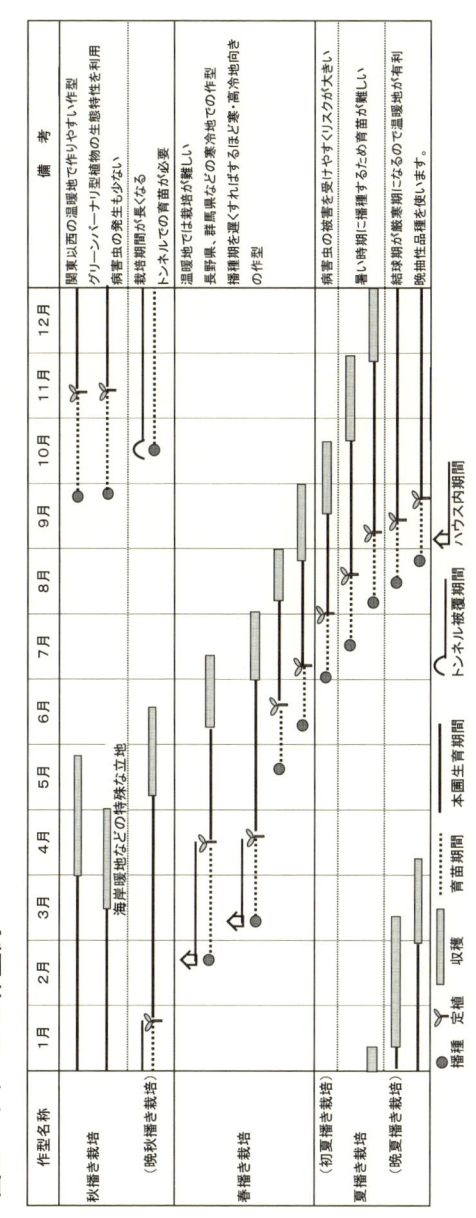

作型名称	1月	2月	3月	4月	5月	6月	7月	8月	9月	10月	11月	12月	備　考
秋播き栽培													関東以西の温暖地で作りやすい作型
（晩秋播き栽培）													グリーンバーナリ型植物の生態特性を利用 病害虫の発生も少ない 栽培期間が長くなる トンネルでの育苗が必要
春播き栽培													温暖地では栽培が難しい 長野県、群馬県などの寒冷地での作型 播種期を遅くすればするほど寒冷・高冷地向きの作型
（初夏播き栽培）													病害虫の被害を受けやすくリスクが大きい
夏播き栽培													暑い時期に播種するため育苗が難しい
（晩夏播き栽培）													結球期が厳寒期になるので温暖地が有利 晩抽性品種を使います。

播種　定植　収穫　育苗期間　本圃生育期間　トンネル被覆期間　ハウス内期間

これを3〜4月に収穫しようとすると、春先に急速に肥大させなければならないので、春の肥大に備え出来るだけ大きな苗で春を迎えること、低温に感応しない期間がより長い極早生品種を選ぶこと、より温暖な地で栽培することなどが必要になります。これは千葉、神奈川、愛知などの海岸暖地ならではの栽培で別の作型と認識されています。

　同じ秋に播種する栽培でも、10月に播種し1月定植の場合は、冬の間はほとんど生育しないため、品種も低温感応しない期間の長さはさほど要求されません。収穫は5〜6月になります。これを秋播き栽培と区別して晩秋播き栽培と呼ぶことがあります。

　6〜9月に収穫する栽培は、結球期のキャベツは暑さに弱いため夏が冷涼な地域で行われ、長野、群馬の高冷地の作型になります。この作型は春播き栽培と呼ばれ、播種は2〜3月になるので育苗期に保温が必要です。この作型の播種時期の遅い栽培は夏播き栽培に繋がりますが、生育期間が高温になるので品種は短期間に生育する早生種が有利です。

　10〜12月に収穫する作型は7〜8月の夏に播種します。これは夏播き栽培と呼ばれ、気温下降期に肥大結球させる栽培なので平坦地では作りやすい作型です。しかし、まだ暑い夏に播種しなければならず、病害虫対策と育苗技術、定植時の潅水が不可欠です。また、品種としては花成との関係よりも耐暑性や早晩性に重点がおかれます。例えば、生育期間が短い早生種を使えば、収穫時期が同じならば中生・晩生よりも遅く播種することができ、播種期の高温をいくらかでも回避することが可能になります。

　この作型の前後に初夏播き栽培と晩夏播き栽培がありますが、

前者は極端に病害虫の被害を受けやすい作型であり、9〜10月に収穫が可能ではありますが、平坦地ではリスクの大きな栽培です。後者の収穫期は1〜4月になり、結球期が厳寒期にかかるので凍寒害を受けやすくなります。なお、この作型で3〜4月に収穫する場合には、必ず花芽分化はしていると考えられるので、抽だいの遅い晩抽性（より長日にならないと抽だいしない性質）の品種が必要です。これを、花芽分化をなるべくさせないように低温に感応しない期間がより長い品種を必要とした秋播き栽培の3〜4月採りと比較すると、キャベツの作型がいかに花成の特性に依拠して成り立っているかがわかります。

　このようにキャベツの作型は、春に収穫する作型については気温、日長と花成の密接な関係によって成り立ち、冬と夏に収穫する作型は気温と耐寒性、耐暑性の関係によって成り立っています。これは産地の気候条件と品種の花成反応の関係、耐寒性、耐暑性、早晩性などに基づく品種の選択が可能であるからにほかなりません。

(5) 作型と有機農業

　野菜で作型が発達したのは、貯蔵が難しく長距離輸送も困難だが需要は一年中あるという生鮮消費財としての特性と、日本の地形と気候の多様性によると思われますが、珍しさのために高値で取引される端境期を埋めるかたちで作型は分化してきました。しかし、商品性が優先され必ずしも適地適作ばかりではないのが実態で、農薬と化学肥料に依存する栽培管理技術を前提にした作型も多くあります。

例えばキャベツの品種で言えば、冬期は凍寒害を受けた跡から病原菌が侵入し被害を受けることが多いので、葉が堅くて耐寒性の強い寒玉系の品種が望ましいのですが、現在は食味が優先され、葉が柔らかい春系の品種が主流となっています。

　近年の作型開発は経済性の高い品目の周年栽培を目的にし、選択の幅が狭い立地条件を栽培管理技術の化学化、施設化で補完する方法がとられたため、立地、品種、栽培管理の三つの技術要素が互いに切り離しがたく結びついて一つの体系をなす、本来の作型の概念から逸脱したものが多くなっています。

　有機農業での野菜栽培においても、立地、品種、栽培管理技術をセットに最適な組合せが選択され実践されてきたわけで、「作型」は有機農業技術の枠組みの基本となるべきものと考えます。なお、作型は主に単作ごとの技術体系の概念で、輪作や土づくりなど栽培の永続性に関する技術には触れていないのが一般的ですが、有機農業では土地利用技術も含めた総合的な体系化が求められます。

　作物を育てるということは、その作物をとりまく環境を演出していくことにほかなりません。そして、その演出に必要な舞台が土で、脚本を「作型」に例えることができますが、主役はあくまでも作物であり、残念ながら人間が直接演じることができないのが農業生産です。

（注1）熊澤三郎氏は野菜の作型の分化について、著書『改著・総合　蔬菜園芸各論（1965）』において次のように述べている。「甘藍、大根、人参のごときはもとよりのこと、胡瓜、トマトも周年絶えず市場に出荷されているが、その作付は決して年中絶え間なく播付けられるものではない。その間に自ら天の時が保たれて、たとえば甘藍で夏播、秋播、春播、大

根で春播美濃、夏播美濃、秋大根、冬大根、覆下大根、春大根、胡瓜で促成、半促成、早熟、夏胡瓜、秋胡瓜、抑制と呼ばれるように、周年的供給に必要にして経済的に可能な作付が成り立っている。それぞれの作付に対して可能な範囲において適温地帯、適土地帯、適品種が選択され、防寒、防暑、被覆、潅水、施肥、病害虫防除その他の管理方法が取捨される。その取捨選択が総合されて、各作付ごとに大なり小なりある程度独立し分化した技術体系を作りあげることになる。筆者はかかる技術体系の分化を尊重して、これを作型と呼ぶことを提唱したい」。

(注2) 一般的に、キャベツには葉数10以上の苗が平均気温13℃以下に30日遭遇すると花芽分化すると言われていますが、低温感応に必要な葉数は極早生種は18～20、早生種11～13、中早生種9～11、中・晩生種7～9と大きく異なり、それだけ低温感応しない期間の長さに差があることになります。

2．輪作

　農業は本来、土地を永続的に利用し作物を生産することを本質としています。永続的な土地利用において、同じ土地で同じ作物を毎年毎年繰りかえして栽培することを連作といい、異なる種類の作物を一定の順序で循環して栽培することを輪作といいます。

　同じ作物を繰り返し栽培すると、その作物をおかす病害虫の密度が高くなったり、その作物が選択的に吸収する土壌養分が減少し土壌中の養分バランスが崩れたりして、病気や生理障害が発生します。

　これを連作障害といいますが、連作でなくても作付けの頻度が多い時や、遺伝的に近縁な野菜の連作によって起こることもあります。例えばトマトでは必要な休栽年数は5～6年であるとか、

トマトの連作でなくても同じナス科のナスやジャガイモなどの作付けは、トマトを作ったことと同じ結果になるなどです。
　輪作では、吸収する養分が多い作物と少ない作物、養分の好みが異なる作物、深く根を張る作物と浅い作物、発生する病害虫の種類が異なる作物などを収益性、労働力配分の均衡化や土地利用率を考慮し、組合せと順序を決めます。
　根系分布や養分の吸収割合が異なる作物を栽培することによって、土壌中の養分吸収範囲の拡大、土壌養分の平衡の保持などが図られます。さらに、マメ科牧草が入る輪作では団粒構造が発達し、土壌物理性の改善につながります。
　さらに、同じ種の野菜、同じ科の野菜には固有の病害虫があり、連作はその被害を大きくしますが、輪作は病害虫の発生を抑制します。同様に、固有の雑草の繁茂も抑制します。また、異種、異科の野菜の根系は土壌微生物を多様化し、土壌病原菌や病原性のある土壌センチュウの密度を低く抑えることが期待できます。

表1　野菜の休栽年限

休栽年限	おもな野菜
連作しても影響の少ないもの	タマネギ、ネギ、カボチャ、オクラ、ホウレンソウ、サツマイモ、スイートコーン
1年程度作付けを休んだほうがよいもの	レタス、ダイコン、カブ、ツケナ類、ナガイモ、ニンジン
3年以上休んだほうがよいもの	ハクサイ、キャベツ、カリフラワー、ゴボウ、ジャガイモ、サトイモ、インゲン、エダマメ
5年以上休んだほうがよいもの	トマト、ナス、ピーマン、キュウリ、スイカ、エンドウ

出典：鈴木芳夫編著『野菜栽培の基礎知識』（農文協、1996年）45ページ。

このように生理生態が異なる作物を栽培することによって、農薬や化学肥料に頼らずに病害虫や生理障害を回避することが可能になりますが、これは輪作の効用の一つです。

　おもな野菜について、作付けに当たって栽培を休んだほうがよい年数のめやすを**表1**に示しました。

3．野菜の種子と自家採種

　例えば、ダイコン、キャベツは野菜の種類で、ダイコンの中には三浦大根、聖護院大根、桜島大根のようにたくさんの品種があります。そして、三浦大根の種を播けば栽培方法によって大小の違いはあるものの三浦大根の特徴を持ったダイコンになります。このように一つの種類の野菜の中で、遺伝的な特性により他と明瞭に区別できるような一群を品種と呼びます。

　自家採種により形質が代々伝わる品種を固定種といいますが、野菜には、在来種や地方品種と呼ばれる昔から農家が作り続けてきた固定種があり、種を採ると、細部については幅があるものの、親とほぼ同じ形質を持った野菜ができます。

　これは、農家が先祖代々種を採りつづけてきた結果であり、その間の農家による何とはなしに行われてきた選抜や、あるいは目的をもって行われた母本選抜や交配が、当地の気候条件や土地条件に適応した品種を作り上げてきたといえます。

　在来種や地方品種の多くは、同一品種名で呼ばれるものであってもばらつきが大きく、卸売市場流通が広域化し形質の揃いが強く求められる中で、だんだんと一般流通からは排除され、栽培す

る人も減ってきてしまいました。現在は種苗会社が販売するＦ１（エフワン）品種が主流になっています。

　植物では、自家受精などの自殖を繰り返すと純系に近くなり均一性は高まりますが、草勢が弱くなり、農業生産においては生産力が低下するなどの弊害がでます。しかし、二つの異なる品種同士を交配させると、両親よりも草勢が旺盛で収量が多くなり、さらに雑種第一代には親の優性の形質が均一に現れるので、この遺伝的性質を利用した育種が広く行われてきました。これがＦ１品種でＦ１とは雑種第一代のことです。

　Ｆ１品種の育種では、高収益につながる形質を持つ二つの親系統をそれぞれの形質について純度を高めてから交配するので、草勢が強い上に味、形、耐病性など優れた形質を持つ雑種を作ることができます。しかし、Ｆ１品種は形質の違う両親の遺伝子を併せ持っているため、そこから得られる種子、すなわち雑種第二代（Ｆ２）はいろいろな組合せが現れ、栽培には利用できず、種子は毎回購入することになります。

　こうしてみると、在来種が単なる形態的な分類でなく栽培地域や生態も含めた分類であるのに対して、Ｆ１品種を中心とする現代の品種は、産業上の分類である側面が強いものといえます。

　Ｆ１品種と在来種を比較した場合、均一性、生産性、流通適性、汎用性など総合的な評価ではＦ１品種が勝ると考えられますが、異常気象などの不良環境や未知の環境への適性では、いろいろな遺伝子の組合せが混在する在来種の方が有利です。自然の摂理に従わざるを得ない農業の宿命を考えれば、在来種を大切にし、もっと活用することが必要だと思います。

有機農業を行う人たちの中には、種苗会社の種子の多くが栽培や採種、保存段階で農薬を使用していること、野菜によっては遺伝子組み換え種子の混入が心配されること、端境期を狙った促成や抑制など、本来の作り易さよりも農薬や化学肥料の使用を前提にした収益性に偏重した品種であるなどの理由で、自ら採種を行い栽培用の種子を得ている人も少なくありません。そのために、お互いが永年作り続けている手持ちの品種を持ち寄る種苗交換会なども行われています。

　自家採種は母本選抜を繰り返しながら、納得のいく種を残していく作業です。例えば、ダイコンやニンジンでは、耐寒性を求めるならば肩が地表に出にくい個体を母本に選びます。そして形や大きさを選ぶときは、収穫した株を長さや形を基準に並べてみて、特に長いものと短いものや極端に姿が異質なものを除いた中間のものの中から、目的に近い個体を選びます。そして、母本として選んだ株を植え直して花を咲かせ、種を採ります。

　植え替える場所は、あまり窒素肥料の効いていない痩せ地のほうが生殖生長に向かいやすく、採種にはよいようですが、この時に昆虫や風が運んでくる花粉による交雑が起こらないように注意する必要があります。

　中間のものの中から母本を選ぶのは、中間のものがその品種の特性をよく現し安定して出現するためで、毎年、それを繰り返しながら目的の形質を固定させていきます。

　なお、採種の具体的な方法については、『自家採種ハンドブック──「たねとりくらぶ」を始めよう』（現代書館、2002年）などを参照してください。

ここで、遺伝子組み換え作物について触れておきます。
　これまでの品種改良では、突然変異株の選抜や交配による比較的自然に近い方法で、優れた形質を持った新しい品種を作ってきました。しかし、遺伝子組み換え技術では、優れた形質を現す遺伝子を組み込んで新品種をつくります。遺伝子組み換え技術と従来からの交配を比較すると、新しい遺伝子を取り込むという意味では似ていますが、決定的な違いは、交配は遺伝的に近い種の間でしかできないという自然生態系の法則の中でなされますが、遺伝子組み換えにはその「壁」がないということです。極端な話では、遺伝子組み換えは植物と動物の間でも可能で、ワタにホタルの「光る遺伝子」を入れることもできてしまいます。
　現在、特定の除草剤に耐性を持つダイズ、ナタネ、害虫抵抗性を持つジャガイモ、トウモロコシなどがアメリカやカナダなどで実用化されていますが、遺伝子組み換え作物の健康や環境への悪影響が懸念されます。安全性の問題にまだ最終的な結論は出されていないのが現状だと思いますが、遺伝子組み換え作物は、農業分野の一部で戦略的商品として急速に実用化されつつあります。
　なお、農業生産、特に有機農業との関連で言えば、これらが一般の農地で栽培されるようになると、花粉の飛散等によって近縁の品種との間に雑種を作る可能性があり、長年にわたり選抜育種で維持されてきた在来種などに、本来野生植物がもっていないはずの形質が入り込み、遺伝的に汚染される心配があります（当然、自然界にも拡散しますし、一度拡散したものは回収不可能ですから、これは地球環境にとっても重大な問題です）。

また、除草剤耐性遺伝子の利用に象徴されるように、遺伝子組み換え技術は、農薬や化学肥料などの使用を前提とした技術の枠組みの中での品種改良であるという点においても、有機農業とは相容れない技術だと考えます。

4．土づくり

　一般的に植物は発芽後各部位の生育が始まりますが、栄養生長期においては、生育に伴う根重と地上部重の増加はほぼ正比例することが知られています。その根が生きる世界が土です。そして、物理的、化学的ならびに生物的な土壌要因は根の生長に直接影響を与え、地上部の生長を間接的に支配することにもなります。

　さて、土壌は長期にわたる自然現象によって生み出された岩石の風化物（鉱物や粘土鉱物）や火山灰などの火山噴出物、動植物の遺体分解物（土壌有機物、腐植）などを母材とした大小様々の粒子でつくられています。そして、これら粒子はくっ付き合って微小団粒をつくり、微小団粒がくっ付き合って団粒構造を形成します。なお、団粒は粘土鉱物や有機物、土壌微生物の排泄物などの粘着性によって形成されます。

　団粒構造の発達は、土壌の孔隙（土壌中の固形分と固形分のすき間のことで通常は水分や空気が出入りできる微細な空間）の割合を高くし、土壌の排水性、保水性、通気性を良好にするなど、畑作物に物理的に良好な土壌条件を与えます。また大小様々な団粒の発達で団粒内や団粒間に大小多数の孔隙ができ、そこに水と空気が保持され土壌生物（土壌微生物や小動物）が生息します。

同時に養分も保持されるので、根に水分と酸素と養分を供給することになります。

　土壌中の養分は土壌水中に溶けたり、土壌粒子や土壌有機物に吸着されて保持されますが、土壌微生物が取り込み保持し、放出する量もかなりあると言われていて、土壌微生物が多く生息する土壌は養分も豊富な土となります。そして、土壌に多様で大量の微生物が生息する状態は、病原菌などの特定の微生物の増殖を抑えることにもなります。

　森林や草原では植生が豊かなので、植物から土壌に供給される有機物が豊富で有機物が蓄積されますが、畑土壌では植物の量が絶対的に少ないうえに、耕うんにより土壌中の酸素も豊富になるため、有機物の分解が活発になり、それだけ有機物の消耗も大きくなります。

　したがって、野菜栽培では有機物の畑土壌への供給が継続的に行える仕組みが必要になります。有機物を発酵させた堆肥の利用もその一つですが、その場合堆肥の原料となる有機物が入手しやすいということが重要です。

　畜産との複合経営農家や家畜がいる野菜農家は少なくなりましたが、経営内での有機物の循環が餌と肥料の自給に寄与する有畜農業は、農業経営上だけでなく土づくりの観点からも合理的な方法だったと思います。現在ではソルゴーなどの緑肥作物を輪作に組込み、堆肥の原料に使用したり、そのまま畑に鋤き込んで土壌中でじっくりと分解させるなどの方法もよく行われています。

5. 堆肥

(1) 堆肥化の原理

　堆肥という言葉には「うずたかく積む肥え」といった意味がありますが、堆肥化技術はわらや雑草、落ち葉などの植物性の有機物を積み上げて作る肥料の製造技術として発達してきました。

　有機物を積み上げることで、それを餌とする微生物等の活動によって発生した熱が有機物の温度を上昇させ、上昇した温度がさらに微生物の活動を活発化させ、分解を促進させるという循環がおこります。さらに、うずたかく積むことで堆肥原料自身が外気との断熱保温効果を発揮し、内部の活発な分解が保障され、同質の分解され易い原料が周辺に連続的に多量にあることで、次々と分解が進みます。

　通常、積み込んで一昼夜程度で45℃程度の熱が出てきます。さらに1〜2昼夜たつと70℃前後まで上がり、この状態で2週間程度たつと、堆肥の表面や中に白いカビ状のものが出てきます。この段階で堆肥を切返しながら積み直す作業を行い、酸素と水分を補給し未分解の部分に微生物が広がるようにして、分解を促進させます。

　有機物の成分には、糖やアミノ酸など一気に爆発的に分解されるもの、セルロースなどの穏やかに分解されるもの、リグニン（細胞壁を構成する成分の一つ）など分解されにくいものがあり、それぞれの分解で活躍する微生物の種類は異なります。藤原俊六郎氏は、堆肥化は糖分解期、セルロース分解期、リグニン分解期の三段階に分かれて進むとし、各段階で種類の異なる多くの微生

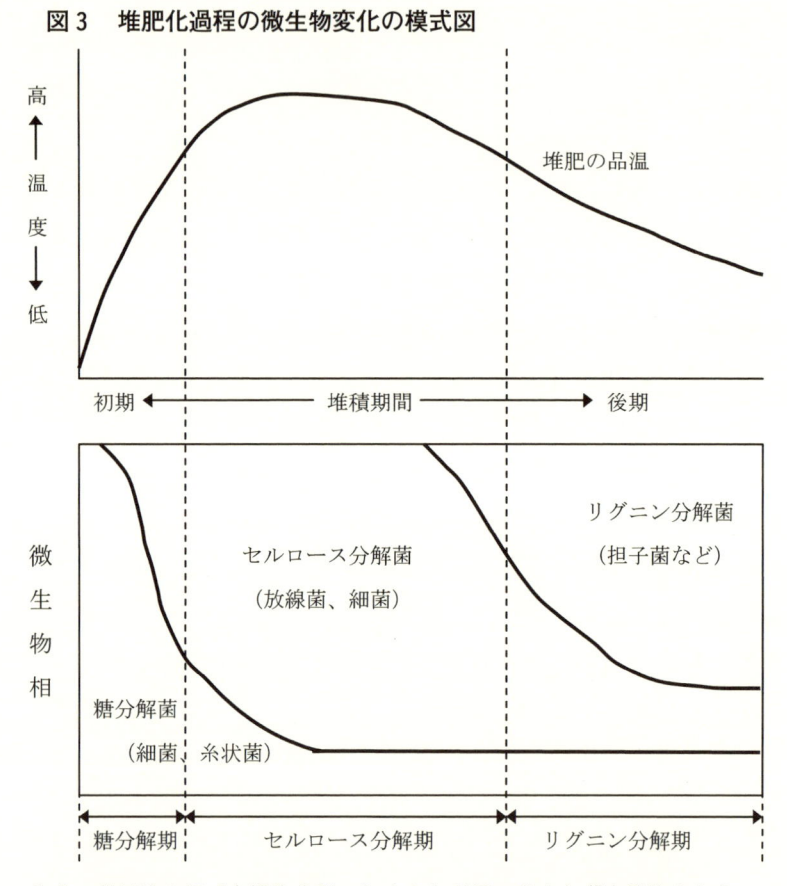

図3　堆肥化過程の微生物変化の模式図

（グラフ上段：温度変化）
高←温度→低
初期　←　堆積期間　→　後期
堆肥の品温

（グラフ下段：微生物相）
リグニン分解菌
（担子菌など）
セルロース分解菌
（放線菌、細菌）
糖分解菌
（細菌、糸状菌）

糖分解期　｜　セルロース分解期　｜　リグニン分解期

出典：藤原俊六郎「有機物分解のしくみと利用の基本」（『有機物をどう使いこなすか』農文協、1988年）58ページから作成しました。

物が現れては消えゆき、微生物相を変えながら分解が進むとしています(注1)。

　分解の際の温度上昇は、糖などを分解する微生物の盛んな呼吸による熱によって起こり、セルロースなどの繊維質が分解され出すと、70℃前後まで上がります。やがて堆肥の品温が下がって多

種類の微生物が活動できる温度帯になると、多くの微生物が現れては死に、遺体として蓄積されていきます。こうして堆肥は完熟化し、多くの微生物やその遺体である有機物に富んだ状態となり堆肥化が完了します。

堆肥化にかかわる微生物は自然界にごく普通に存在するもので、堆肥の原料となる有機物にも付いているので、菌をあえて添加しなくても大丈夫です。

(2) 堆肥化の方法

このように堆肥化とは微生物の活動により有機物が分解されることですが、微生物による分解には適切な堆積条件が必要で、堆肥化技術では堆積時の原料の水分量、空気量、そしてC/N比がポイントとなります。含水率は60％、容積重は0.6、C/N比は炭素と窒素の重量割合で炭素率ともいいますが20〜30が適しているといわれています[注2]。

C/N比の調整は、窒素が不足するときは鶏ふん、米ぬかなどC/N比が低い資材、逆に炭素が不足するときはおが屑などC/Nが高い資材を混ぜるなどして行います。含水率を上昇させるには加水、低下させるには乾燥、おが屑などの水分調節資材の添加、戻し堆肥（既に完成した堆肥）の混合などが必要になります。おが屑を使うときは広葉樹が分解が早く、利用しやすいようです。

堆積の高さは、発生した熱の排出や堆積原料全体を好気的分解条件におくことを考えると、0.5〜2ｍが現実的です。高さが1〜2ｍの場合には1〜2週間に1度程度、上の部分を下へ、内側の部分を外側に、固まっているところがある場合にはほぐしながら

表2　堆肥化に利用される主な有機物のC/N比

種類	C/N比	備考
牛ふん（注1）	20～25	注1）稲わら、おが屑等の飼育時の敷料を含んでいます。
豚ぷん（注1）	11程度	
鶏ふん（注1）	6～9	注2）生には作物生育阻害作用があります。堆肥の副資材として有効です。
稲わら	67	
米ぬか	10～13	
もみ殻	72	注3）新枝や葉の多い夏期の広葉樹の場合です。堆肥化に適しています。
小麦わら	107	
おが屑（平均）	340	
コーヒー粕（注2）	25程度	注4）枝の割合が多い冬期の広葉樹の場合です。
茶粕	10～14	
おから	11前後	注5）レンゲ、イタリアンライグラス、青刈りエンバク、ソルゴーは緑肥作物として栽培したものを青刈りして堆肥にする場合です。
剪定屑、葉主体（注3）	53～63	
剪定屑、枝主体（注4）	100～106	
広葉樹落ち葉	50～120	
レンゲ（注5）	15前後	
イタリアンライグラス（注5）	20前後	
青刈りエンバク（注5）	30前後	
ソルゴー（注5）	35前後	

出典：『未利用資源の堆肥化マニュアル』（神奈川県、1997年）および松崎敏英『土と堆肥と有機物』（家の光協会、1992年）を参考にしました。

切返しを行うことが通気を良好にします。なお、このとき水分が不足する部分には散水します。

この切返し作業は、分解や水分の状態のばらつき、自重による圧縮のために生じる通気性の悪化の改善に役立ち、均一な完熟堆肥を作るには欠かせません。

　このように堆肥化技術の要点はあくまでも微生物が活発に働く条件作りにあります。

　堆肥化では、60℃を超える品温の時に糸状菌などの病原菌や雑草種子は死滅するので、きちっと熱を出させた堆肥を施用するということは、有用な微生物とその餌となる有機物を安全に土壌中に送り込む最高の方法となります。

(注1) 藤原俊六郎「有機物分解のしくみと利用の基本」(『有機物をどう使いこなすか』農文協、1988年) 57～62ページ。
(注2) C/N比は全炭素 (C) と全窒素 (N) との比率で炭素率ともいいます。
　　有機物のC/N比は有機物の種類によって大きく異なり、堆肥の主な原料となる有機物の値は**表2**のとおりです。
　　農耕地土壌の表土の平均的なC/N比、および微生物菌体を含む土壌有機物のC/N比は10程度といわれています。
　　堆肥化の場合、原料となる有機物のC/N比を20～30に調整することが理想的ですが、これを外れるC/N比であっても分解が全く進まないということではなく、窒素が少ないと分解に時間がかかり、窒素が多いと分解の際にアンモニアガスが発生し悪臭の原因になります。
　　また、畑に有機物を直接施用した場合にも同じことがいえます。例えばC/N比の高い稲わらの場合、微生物が利用する窒素が稲わら内では不足し、微生物は土壌中の窒素を利用するため作物は窒素飢餓となります。また、逆にC/N比が低い鶏ふんの場合では、微生物に利用されなかった窒素が、無機化して発生するアンモニアガスなどで生育障害を起こします。したがって、このような資材は堆肥化してから使用することが望ましいのです。

6．施肥

(1) 植物の栄養

　植物は太陽の光エネルギーを利用して、根から吸収した水と葉から取り込んだ空気中の二酸化炭素から、有機化合物（炭水化物：でんぷん）を作り酸素を放出します。この光合成で作り出した炭水化物と根から吸収した窒素、リン、カリウムなどの無機養分を使って、生育に必要なタンパク質や脂肪、核酸などの様々な成分を合成します。

　植物の生育に不可欠な養分として炭素（C）、酸素（O）、水素（H）、窒素（N）、リン（P）、カリウム（K）、カルシウム（Ca）、マグネシウム（Mg）、イオウ（S）、塩素（Cl）、マンガン（Mn）、亜鉛（Zn）、鉄（Fe）、ホウ素（B）、銅（Cu）、モリブデン（Mo）、ニッケル（Ni）の17種の元素が知られ、必須元素と呼ばれています。そして、必須元素のうち植物が必要とする量から、便宜的に多量必須元素（前述の炭素からイオウまで）と微量必須元素（前述の塩素からニッケルまで）に分けられています。

　多量必須元素のうち、酸素、水素、炭素以外の元素は主として根を通して土壌から吸収されますが、これらの元素は、生態系の中では様々な生物に繰り返し利用され循環するもので、窒素を除き、通常は土壌中に存在するものです（大気中の80%を占める窒素ガスは、土壌中の根粒菌などの窒素固定生物によって窒素固定され、タンパク質などの有機態窒素となり、土壌微生物の分解によって植物に利用されます）。

　しかし、農業生産では収穫物は人間が消費するために畑には戻

らないので、栽培を続けていくと養分不足が起こります。野菜栽培の場合、1作の栽培期間はほとんどが1年以内で、繰り返し栽培されることが一般的なので、不足する養分は何らかの形で補給しなければ満足な収穫が得られません。

　無機栄養説では、作物に吸収される時の養分形態は化学肥料も有機質肥料も同じで、土壌水分に溶けた無機イオンの形であるとしています。有機質肥料は微生物に分解され、無機成分となった後に作物に利用されると考えますが、実は、化学肥料も微生物が食べて分解した後に作物に利用される部分もあることが知られています。

　近代農業では無機栄養説に立ち、作物の求める栄養分をより迅速に供給するには、水に溶けやすい化学肥料が有利であると考えます。特に、作物によく吸収され土壌に欠乏しやすい窒素、リン、カリウムが、天然に存在する空気、燐鉱石、加里鉱石から抽出できるようになり化学肥料として誕生してからは、これらを「肥料の三要素」と呼び重点的に施用してきました。

　有機農業においても植物の生育に養分が必要だという考えは同じですが、有機農業では、生態系における元素の物質循環を最大限に利用することと、土壌中のアミノ酸などの有機態の栄養も、植物養分として根から吸収されると考える点が大きく違います。

　有機農業の施肥の基本は、堆肥と有機質肥料の利用ですが、堆肥は栽培畑やその周辺で得られる植物（緑肥、雑草、野菜残渣など）や家畜糞を堆積し、発酵させて使います。家畜糞もその餌は主に穀物なので植物由来の有機物ということになります。植物には植物に必要な養分が全て含まれていると考えれば、堆肥の原料

に多種類の植物を利用することは理にかなっているわけです。

　有機質肥料は植物質肥料と動物質肥料があり、植物質肥料で一番使われるのは油かすです。油かすは種実から油脂を分離した残りで、ナタネ、ダイズ、綿実、落花生などの油かすがあり、窒素成分が多いのが特徴です。

　動物質肥料としてよく使われるのは魚かすです。魚かすはカリウムはほとんど含みませんが、分解しやすい窒素を多く含みます。また、骨が多く混ざった魚かす粉末はリンを多く含むなど、その原料の違いによって成分が大きく変わります。

　有機質肥料は、微生物による分解過程においてその肥効が発揮されるため、遅効性である上に、肥効が気温の影響を受けやすい性質があります。さらに、施用直後は分解作用によって作物の根に害を及ぼす恐れがあるうえに、資材によって肥料成分が偏っているなど使いにくいため、あらかじめ数種の有機質肥料を混ぜて堆積し、分解を進めてから使う方法がよく行われます（これは'ぼかし肥'と呼ばれるもので、詳細は後述します）。

(2) 有機栄養説

　作物の根は糖、アミノ酸、有機酸、酸素、ビタミンなどいろいろな有機物を分泌しており、それを求めて根の近くにいる根圏微生物が根の表層に近づき、有機物を吸収することが知られています。また、それと同時に根は根圏微生物の分泌するアミノ酸、脂肪酸、核酸類、ビタミンなどを吸収し、体内代謝系に取り込んでいるという事実も明らかになってきました。

　そうなると、堆肥などの有機質肥料に含まれる有機態窒素も、

無機態窒素まで分解されなくても、作物が吸収できるような分子量の有機物は吸収され利用されることになります。化学的にみた無機と有機の違いは構造式の中の炭素（C）の有無で、炭素が備わっている有機態窒素が根から吸収されるならば、通常は葉から転流される光合成産物（炭素源）の一部をそれが代替できることになり、作物の生育に有利に働きます。
　このように有機成分を植物が吸収し利用することを有機栄養説といいますが、森敏氏はこれらに関連する様々な実験や研究を分析し、「有機態N源は、光合成産物の根への寄与を一部代替する。したがって植物はそのぶんを地上部の生育に回すことができる」と結論付けています[注]。
　このことは、有機質肥料が無機肥料成分にはない効果があることを示しており、有機物を積極的に使った栽培が、化学肥料だけによる栽培に比べて美味しいと言われることと関係があるかもしれません。また、冷夏の年でも有機農業のイネは冷害を受け難いこともよく経験することですが、有機栽培が異常気象に強いということとも無関係ではないように思います。これらは、まだまだ科学的な解明が不十分であり、誰もが認める考え方ではありませんが、有機質肥料が土壌に施用されると窒素源であるタンパク質が有機物→尿素→アンモニア→亜硝酸→硝酸の順で分解され、結果として化学肥料に近い形で吸収される部分と、直接吸収できる遊離アミノ酸などの水溶性タンパクとなり、化学肥料とは異なる吸収形態を作り出す部分もあると考えるとよく理解できることです。

(注) 森敏「植物による有機成分の吸収」(『CD－ROM版　農業技術体系2003、土壌施肥編第 2 巻Ⅲ』農山漁村文化協会、2003年) 31～43ページ。

7．病害虫防除

(1) 自然生態系の営み

　野菜などの緑色植物や一部の藻類は、太陽の光エネルギーを用いて二酸化炭素と水から有機物を生産できる唯一の生物群であり、人間も含めて、生体有機物を合成できない動物や微生物は、生きていくために植物を食べなければなりません。
　したがって、昆虫が野菜を食べたり寄生菌が野菜を侵害するのは、人間社会において私たちが野菜を食べるのと同じくらいに生物界では自然なことですが、農業生産にとっては障害になります。
　食物連鎖では緑色植物は生産者と呼ばれ、それを唯一の食べ物とする草食昆虫が一次消費者、草食昆虫を食べる肉食昆虫は二次消費者、それを食べる肉食動物は三次消費者と呼ばれています。これを人間側から見れば一次消費者は害虫で、二次消費者は天敵ということになります。
　一方、作物の病原となるものにはカビ、細菌、ウイルスなどがありますが、野菜で圧倒的に多いのはカビの一種である糸状菌による病害です。
　前述のとおり、葉緑素を持たない糸状菌も有機物を合成できないので、既存の炭水化物から炭素を摂取しなければなりません。炭素源をどこに求めるか、すなわち栄養のとり方により、死んだ

図4　食物連鎖

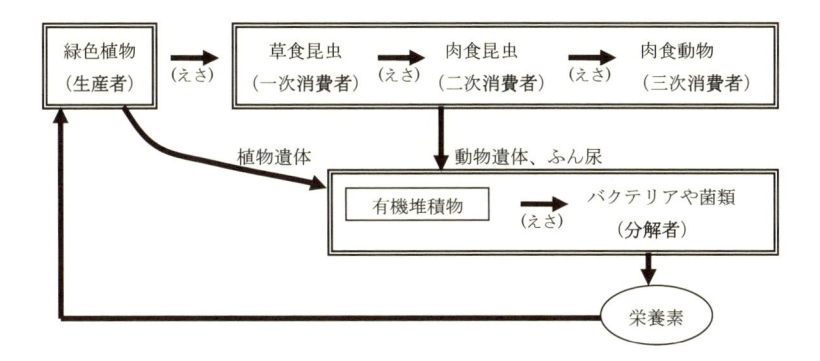

```
緑色植物         草食昆虫         肉食昆虫         肉食動物
(生産者)  →(えさ) (一次消費者) →(えさ) (二次消費者) →(えさ) (三次消費者)
   │                              │
   │  植物遺体          動物遺体、ふん尿
   └──────────→ ┌──────────┐
                │ 有機堆積物 │ →(えさ) バクテリアや菌類
                └──────────┘         (分解者)
                                        │
   ┌────────────────── 栄養素 ←─────────┘
```

栄養（エネルギー）を作る生物を生産者、それを利用する生物を消費者と呼びます。

　動植物の遺体を栄養源とする腐生栄養の腐生菌、生きた植物から栄養をとる寄生栄養の寄生菌に分けられます。

　腐生菌は死物から栄養をとるので病原菌ではありませんが、寄生菌は病原菌になります。また、寄生菌には全生涯を通じて寄生栄養のみを行う全寄生菌と、寄生栄養と腐生栄養とを行うことができる半寄生菌がいます。

　全寄生菌には、うどんこ病菌、さび病菌、べと病菌などが存在し、寄主植物の細胞が死ぬと病原菌自身も死にます。キュウリのべと病などで罹病した葉が生気を失ってくると、病斑も治まる現象をよく目にしますが、これは寄生栄養が困難になるためです。

　半寄生菌にはトマトの萎ちょう病などの土壌病害を引き起こすフザリウム菌がいますが、これは植物の組織が死んだ後も土壌中に生き続けます。しかし、植物の根圏において、病原菌が感染するためには、おびただしい数の腐生菌や共生菌などの根圏微生物との競合に打ち勝って増殖することが必要で、容易なことではあ

りません。

　いずれにしても、昆虫における食物連鎖や菌類の寄生、腐生は、太陽の光エネルギーから発するエネルギーの秩序ある流れであり、自然生態系における有機物（炭素）の循環システムに他なりません。したがって、自然生態系では、通常、消費者が生産者に決定的なダメージを与えることはありません。

　農業生産において問題となるのは、この自然生態系の秩序から逸脱した現象として起こる、害虫の大発生や病原菌の大増殖なのです。特に、農薬や化学肥料に頼る近代農法は、結果として「秩序からの逸脱」を助長してしまうところに問題があります。

(2) 農業生態系の特性

　農業生産の継続は、自然生態系を支配している秩序を変えることになりますが、有機農業では自然生態系を壊すのではなく、そこに自然生態系に酷似した農業生態系を作ろうとします。しかし、農業生態系と自然生態系で決定的に異なる点があり、それが病害虫防除を難しくしています。

　その第一点目は生物多様性の低下です。有機農業といえども、当然、野菜を栽培する畑ではその野菜が圧倒的多数派であり、多くの場合は、同じ品種を一斉に播種あるいは定植し生育も揃えるので、植物相が単純化し、それが昆虫相の単純化を引き起こし生物多様性が極端に低くなります。その結果、その野菜を特異的に好む昆虫や微生物は、熾烈な生存競争を避けて生息できるようになります。

　第二点目は、栽培作物は野生植物よりも病害虫に対する抵抗性

が低いという問題です。自然界の植物は、食物連鎖上に位置しながらも長い進化の歴史の中で、一次消費者の攻撃に対抗する防衛手段を身に付けてきました。植物が持つ有毒物質や辛味、苦味、渋みもそのひとつであると言われていますが、人間が野菜として利用しやすいように、その'防衛手段'を淘汰してきたわけで、野生植物より一次消費者の餌食になりやすくなっています。

このような農業生態系の特性は、病害虫防除を難しいものにしていることは事実ですが、基本的には自然の摂理に従うわけですから、自然生態系の原理を活用した防除方法が有効になります。

(3) 有機農業の病害虫防除

有機農業で行われる幾つかの例を挙げると、前節の第一点目に関しては間作・混作があります。間作は主作物のうねとうねの間に異なる作物のうねを作る方法で、混作は主作物を設定しないでうねごとに異なる作物を作る方法です。作物の組合せは、病害虫防除を目的に収穫目的でない緑肥作物を植える方法も含めて、様々な組合せが工夫されています。

さらに積極的な方法として天敵の利用があります。一次消費者である草食昆虫は害虫ですが、二次消費者である肉食昆虫や小動物は草食昆虫の天敵になるので、そのすみかを畑の中に用意する方法です。他から天敵を捕獲してきて放つ方法もありますが、施設栽培などの閉鎖性の強い栽培なら可能ですが、露地栽培では投入量と定着性の点からあまり実用的ではありません。

また、第二点目に関しては、病気に掛かりにくい抵抗性品種の利用や、植物が元来持っている虫や病気に対する防衛反応を使う

方法があります。防衛反応の利用では、草食昆虫類に対して植物が作り出す忌避効果や殺虫効果のある物質を植物から抽出し、栽培作物に散布するなどが行われています。

　この他にも、害虫や病原菌などの外敵との接触をできるだけ回避する栽培方法もいろいろと工夫されていますが、有機農業の病害虫防除の基本は、作物には生きていく力があるということを前提に、これを引き出し、強めていくことです。

8．雑草対策

　野菜栽培が畑における生物の多様性を低下させることは必然であり、それが土づくりや病害虫防除に不利な条件を与えていると書きましたが、生物の多様性を求めるならば、雑草に関しても皆無にしようとする考えはむしろ有機農業とは逆行します。

　しかし、雑草と作物が光、養分、水分、根群形成空間をうばいあう競合状態は回避する必要があり、通常は除草や抑草を行います。しかし、あくまでも競合を避けることが目的で、雑草が全くない畑を目指すものではありません。光競合の面から見れば、作物がじゅうぶん繁茂し作物群落内の相対照度が一定水準以下に低下すれば、雑草の生育が阻害されるので、そこに至るまでの期間を重点的に雑草の抑制を行います。

　雑草を抑制するには、発芽をさせない、手で取る、中耕除草機を使う、などの他に輪作、間作、混作を利用する方法などがあります。一般的には、敷草やポリマルチで地表面を被覆し、発芽をおさえながら人力による除草を併用する方法がとられています。

ところで、草生栽培と呼ばれる草を生かした畑の管理方法があります。ムギ類や牧草種子をうね間などに播種する積極的な方法と、自然発生する雑草を生育させる方法がありますが、いずれも、土壌中への有機物の供給や敷草として役立ちます。

さらに、草の根圏に集まる豊富な微生物や小動物の活動は、表層土の微細孔隙や団粒の発達に役立つとともに、草が地表面を保護することで土壌流亡を抑える効果があります。根がはびこる上に刈草も分解しにくいチガヤ、ススキ、ギシギシなどの宿根性雑草は取り除きながら、草を何度も刈る草生管理を続けることにより、悪性雑草の侵入や繁殖が抑制されます。

以上、「有機農業技術の基本」の項では、野菜栽培の基本技術を中心に述べてきましたが、野菜栽培については、鈴木芳夫編著『野菜栽培の基礎知識』(農文協、1996年)などの野菜栽培の入門書が参考になります。

Ⅲ　有機農業技術の具体的な方法

1．堆肥づくり

　ここでは、私が普段行っている堆肥づくりを一つの事例として紹介します。

　堆肥づくりの目的は、土壌中の有機物や有用な微生物を増やして土壌の生物性、物理性の改善に役立てることです。目標は、臭気が少なく、病原菌、雑草の心配のないもの、水分含量が40％程度と取り扱いやすい堆肥です。

　まずは堆肥場の準備です。本格的に堆肥場を準備するならば、床はコンクリートで屋根付き、3方向をコの字型に囲った発酵槽を複数用意し、その手前にはコンクリート床の切り返しスペースを確保します。堆肥は完熟させるまでに2～3回切返しますが、別の発酵槽に移しながら行います。

　この場合、間口4ｍ、奥行き5ｍ、高さ1.8ｍの発酵槽に高さ1.5ｍで堆積するとすれば、1回の堆積量は原料で約26.5㎥、約17トンになり、出来上がりの堆肥重量は約10トンです。

　一番簡易な方法では、屋根なし、枠なし、床に板を敷いた置き場だけでも可能ですが、熱を逃がさず発酵を促進させるために枠は作ったほうがよいようです。枠なしですと積み込む量も少なくなり、完熟までの時間もかかります。

具体的には、間口3.6m、奥行き1.8mに高さが1～1.5mのコの字型の枠をつけます。工事現場で使う大きさが1畳のコンパネを床用に4枚、枠用に4枚と丸杭か角材10本程度、厚手の羽目板を少々用意すればできます。この堆肥場で1回に作れる堆肥は仕上がり状態で最大約2トンです。以下は、この堆肥場を想定し話を進めます。
　間口は、用意できる場所の広さに応じて、広く取ればそれだけ沢山の堆肥を積むことができ、切返しを横へ横へと順繰りに行うことで連続的に堆肥を作ることもできます。
　次に堆肥の原料ですが、まず近くで堆肥になる資材を見つけることから始めます。牛ふん、豚ぷん、鶏ふん、稲わら、もみ殻、土手の雑草、畑の雑草、落ち葉、剪定枝、野菜収穫残渣、家庭生ごみなどの多種多様な有機物が使えます。何をどのくらいの割合で使うかはC/N比を考慮しながら決めますが、品数が多いほどバランスのよい堆肥になります。
　C/N比の調整は厳密に行う必要はありませんが、家畜ふんを主原料に積み込むときは10～30、稲わらや選定枝を主原料に積み込むときは20～40になるようにするとよいと思います。
　なお、野菜屑や剪定枝などは数センチに破砕して使い、原料は通常は数種類を使うので、積み込む前によく混合し均一にしておきます。資材の事前の混合が難しいときは、複数の資材をサンドイッチ方式で交互に積み込む方法でもかまいません。
　積み込みは堆肥場の奥の隅から順に積み込んでいきます。積み込む高さは1m程度が適当です。積み込み時に、散水などにより原料の含水率を60％程度に調整しますが、発酵促進を目的に米ぬ

かや微生物資材を使うのであれば、このときに一緒に混合します。米ぬかは窒素分の少ない原料の時に有効で、原料1立米あたり10kg程度を加えると発酵熱が上がりやすくなります。

　積み込みが終了したらシートなどで覆いをして、雨が入らないようにします。

　発酵熱の発生の経緯は季節や原料の種類により多少異なりますが、窒素分が多い家畜ふんが主原料の場合は積み込み日の翌日から品温が上昇し始め、急速に70℃を超える温度帯に達します。窒素分が少ない稲わらや剪定枝が主原料の場合は一昼夜で40℃程度に上昇し、3日目位に70℃前後に達します。どちらも10日から2週間経つと品温は下降し始めます。この時期に1回目の切返しを

発酵槽に積み込んで数日後の様子。品温は70℃を超えている。

1回目の切返し時の様子。ところどころに白化した層が見える。

行い、酸素の補給と水分の調節を行います。切返し後は同様に覆いをしておきます。切返し直後の品温は30〜40℃まで下降します。
　切返し後一昼夜で温度が上昇し始めますが、最初の積み込みによる発酵熱よりも多少低めの温度となります。さらに、10日から2週間後に2回目の切返し、さらに10日から2週間目に3回目の切返しを行いますが、この頃になると切返し後の温度上昇は40〜50℃程度で止まります。その後は徐々に温度は低下して30℃以下に落ち着くので、そのまま2ヶ月間程度静置して熟成させます。熟成が終了する頃は、アンモニアガス濃度も10ppm以下に低減して臭気もほとんどなくなっています。最初の積み込みから3〜4ヶ月で使える堆肥となります。

2．施肥

(1) ぼかし肥

　堆肥には作物の栄養となる肥料成分も含まれていますが、生育期間が長い野菜などでは生育の途中で肥料切れになります。そこで使われるのがぼかし肥です。

　ぼかし肥は、有機質肥料を発酵させてぼかす、肥料分を土などで薄めてぼかす、などの意味ですが、一般に米ぬかや油かす、骨粉などの有機質肥料に山土を加えて発酵させたものをぼかし肥、土を加えずに数種の有機質肥料だけを混ぜて発酵させものを、ぼかし肥料と呼んでいるようです。

　有機質肥料を生のまま施用すると、初期の肥効が悪かったり、生育の中期や後期に予想以上に効き出したりしますが、発酵させたぼかし肥には肥効が安定しているという利点があります。そして、何より窒素をアミノ酸などの有機態で吸収させることができ、さらに、生の有機質肥料の施用で問題になるタネバエやトビムシなどの害虫の発生や、ビニールトンネルやハウスなどの密閉した環境でのガス障害も回避することができます。

　ぼかし肥の作り方は人によって様々ですが、基本は数種の有機質肥料と山土をまぜて積み込み、50℃以上にならないように頻繁に切返しを行って発酵させることです。有機質肥料の組合せは使用する野菜によって変えますが、一例を示せば、生育期間の短いホウレンソウ、コマツナには速く効く油かすや鶏ふんを主体に、生育期間の長い野菜にはゆっくり効く魚かす、米ぬかを主体にし、

リン酸成分を多く必要とするゴボウ、ヤマノイモなどには油かすを減らして魚かす、骨粉、米ぬかなどを増やす。窒素を多く必要とするキュウリでは油かす、鶏ふんを多めにし、逆にトマトでは油かす、鶏ふんを少なくするなどです。

　私が標準としている材料の一例と作り方を次に示します。
　材料は、山土200kg、油かす100kg、魚かす50kg、骨粉50kg、乾燥鶏ふん50kg、米ぬか30kgとし、山土と有機質資材を混合し、含水率を50％程度に調整し山積みします。水分は乾燥気味のほうが失敗がありません。混合はコンクリートの上で行い、大きい塊がないようにシャベルでよく混ぜ合わせます。
　山積みした上を通気性と保温性を持つむしろなどで覆います。堆積場所は室内が理想的ですが、室外ならば雨に濡れないようにします。堆積後数日で発熱してきますが、高温になると窒素成分が飛びやすくなるので、50℃以上にならないように随時切返しを行いながら、1ヶ月程度堆積します。初期の切返しはぼかし肥が団子状に固まらないように、丁寧に頻繁に行うことが重要です。
　1ヶ月ほどで水分がなくなるので、出来上がったぼかし肥を紙袋か通気性のある土嚢袋などに入れ、風通しのよい場所で保管します。この方法で作ったぼかし肥の肥料成分は大まかに窒素3％、リン酸5％、カリウム1％になります。
　なお、上記の材料から山土を外して、有機質肥料だけで発酵させたぼかし肥料もよく使います。また、山土の代わりにベントナイト、ゼオライト、バーミキュライトなどを使うこともできます。山土などを使うのは、肥料成分を薄めて穏やかな肥効を得る意味合いと、発酵時の臭気を吸着させる目的がありますが、発酵過程

で有機質肥料から放出される肥料成分を吸着させ、肥効を長続きさせるという効果も期待されています。

　ぼかし肥は堆肥と組合せて使いますが、堆肥は土づくりを意図して使うので、全面鋤き込みが行われ、肥料として施用するぼかし肥は溝施用やうね間、株間などの局所施用が一般的です。

　また、ぼかし肥は元肥としても追肥としても使え、元肥の場合は溝施用し、深く入れるほど遅効きになるなど、入れる深さで肥効の時期をある程度調節できます。追肥で使う場合は、生育に応じて広がる根系に合わせて施肥するために局所施用になりますが、ぼかし肥が肥効を発揮するためには水分が必要で、土と混和させるか施用後に潅水することが大切です。

(2) 施肥量の問題

　炭素、酸素、水素は植物の骨格を作る大切な元素ですが、これらは空気と水から供給されます。そして光合成によって作られた炭水化物をもとに、タンパク質や核酸など生理機能に関する物質を合成しますが、そのときに窒素やリン、カリウム、カルシウム、イオウなどを必要とします。また、マグネシウムは葉緑素の構成成分でもあり、リンの関与する酵素反応を活性化させる働きもあるといわれています。

　植物はこれらの元素を土壌中から吸収しますが、栽培では肥料として与えます。中でも大量に必要で最も重要な元素の一つが窒素です。窒素は、植物の身体を作る構造タンパクや、様々な機能を分担する酵素タンパクの元であるとともに、葉緑素の構成元素でもあります。したがって、窒素をたくさん吸収すると葉の緑は

濃くなり栄養生長も速まるため、栽培では窒素の施肥を中心に考える傾向になりがちです。また、植物は窒素があればあるだけ贅沢吸収する性質があるので、窒素の過剰状態にも陥りやすくなります。

窒素の過剰は生殖生長を抑制するため、トマト、ナス、キュウリなど実をとる野菜では収量が減少し、軟弱徒長気味に生育するために倒れやすく、病害虫にも弱くなるというように栽培上での問題を引き起こします。

さらに、植物は光合成のスピードと、光合成から得られた産物と窒素とのタンパク質合成能力に限界があるので、その能力の限界を超えて窒素が吸収されると、窒素はアミノ酸や硝酸態窒素の状態で植物体内にとどまります。また、このアミノ酸に病害虫が寄ってくるために病害虫の被害を受けやすくなります。

施肥は人間がコントロールするものですから、自然界では起きにくい窒素過剰がおこるわけで、作物の生理に沿った養分吸収ができる施肥を心がける必要があります。基本はゆっくりとじっくりと生育させるということです。そして、例えば窒素だけが十分に与えられたとしても、アミノ酸やタンパク質の合成に関係するリン、カリウム、カルシウム、イオウなどの元素の量も制限因子となりうるわけですから、バランスのとれた施肥も必要です。そう考えると、ゆっくりと効果が現れ、自然界の多くの元素を含んでいる堆肥や有機質肥料が最適な資材と言えます。

有機物であっても過剰投与は同じ問題を引き起こします。特にぼかし肥などは即効性を意図した有機質肥料なので、注意が必要です。

作物の生理に沿った吸収をさせるという意味では、施肥位置を根圏の全面でなく、肥料の濃淡をつくるための溝深層施肥をして根に選択させる方法があり、トマトなど根が深く広く張る作物に適します。

3．病害虫防除

野菜を育てていると必ずといってよいほど虫がつきます。病気にもなります。これは、虫や菌という生物が生きていくために植物を餌にしているということで、人間と同じように、動物や微生物の多くは植物を食べないと生きられないのですから当然のことです。

生物界の摂理にしたがえば、人間といえども病害虫防除において絶対的な勝利を得ることは不可能であり、それは目指すべき防除水準ではありません。許容できる被害の範囲を見極めたうえで、共存の道を選ぶのが有機農業における病害虫防除の基本です。

それでは実際に有機農業で行われている様々な病害虫防除の工夫を見ていきましょう。

(1) 虫や病気が発生しにくい環境で栽培する

ダイコンの場合、一般的に一番作りやすい作型は9月に播種する秋播き栽培ですが、生育の前期は、ダイコンの最大の害虫であるモモアカアブラムシの発生が多い時期でもあります（図5）。ダイコンに寄生するアブラムシ類の中でも一番多いのが本種で、モザイクウイルスを媒介します。ウイルスに感染したダイコンは生

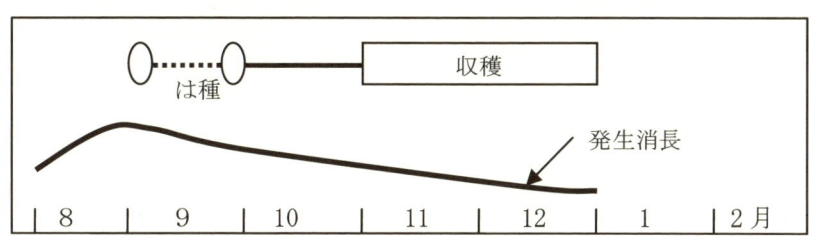

図5　ダイコンの秋播き栽培とモモアカアブラムシの発生消長

育が阻害されます。

この作型は生育が進むとともに低温期に向かう作型ですから、播種期が早いほど温度条件は有利になりますが、アブラムシの被害は受けやすくなります。そこで、播種期を9月下旬に遅らせ、生育促進のためにマルチ栽培する方法が浮上します。

加えて、ダイコンへのアブラムシの飛来を少なくするために、播種から1ヶ月間くらい防虫網のトンネルで被覆する、マルチにキラキラ光る銀色のプラスチックフィルム（シルバーマルチ）を使う、うねの上部にシルバーテープを張るなどの忌避対策を併用すると、アブラムシの被害は格段に減ります。

(2) 被覆栽培

野菜に虫がつかないように防虫網などで覆い、虫から隔離して栽培する方法です。

通常アーチ型のパイプを使ってトンネル状に被覆しますが、「べたがけ」と称し直に被覆する方法もあります。これは背丈の低い葉物野菜などで有効です。被覆に使う資材には、寒冷紗のようにネット状に織ったものや、繊維を織らずに熱や接着剤等で絡ませ

被覆栽培

て布にした不織布などがありますが、害虫が通過しないことはもちろんのこと、通気性、透過光率を考慮して選びます。

　被覆は裾が開いていたら効果半減なので、地際からの侵入に備えて裾は土を掛けるなどして密閉状態にしますが、被覆するときに既に土壌や葉に幼虫や卵があることも考えられるので、完全な防除法ではありません。

　また、被覆による温度上昇、弱日照などの微気象の変化が作物の生育に大きく影響し、夏季の高温障害や春先の不時抽台、日照不足による品質低下などを招いたりするので、全生育期間を通しての被覆栽培は避けるべきで、他の方法との組合せが必要です。

(3) 輪作、間作、混作

　「植物が放出する化学物質が、ほかの植物、動物、微生物に阻害

的あるいは促進的に何らかの作用を及ぼす現象」のことをアレロパシーと呼び、他感作用と訳されています。

アレロパシーの農業利用の一例を挙げますと、①マリーゴールドを輪作に組込み土壌センチュウを防ぐ、②ウリ科野菜の株元に長ネギを混植し土壌病害を防ぐ、③トマトとニラの混植で萎凋病を防ぐ、④ラッカセイのうね間にムギを間作し晩霜害の回避とアブラムシの障壁効果を狙う、などがあります。

①ダイコンとマリーゴールドの輪作

マリーゴールドは根から殺センチュウ物質を分泌する代表的な植物です。ネグサレセンチュウが土壌中にたくさんいると、ダイコンの表面に水疱瘡のようなプツプツしたものをつくる被害を与えますが、ダイコンを栽培する前にマリーゴールドを栽培し、畑に鋤きこむとネグサレセンチュウの被害が抑えられます。

マリーゴールドには高性で大輪のアフリカン種と小輪多花性のフレンチ種がありますが、使用するマリーゴールドは草丈が1m位になるアフリカン種（品種：アフリカントールなど）が適しています。マリーゴールドは4月の終わり頃に播種します。畑での密度は50cm角に1株程度に間引きや補植をして整えます。栽培期間は最低でも3ヶ月間は必要です。8月に入ったら、前日に地上部を倒しておいて土中に鋤き込みます。鋤きこんだ後は1ヶ月程度してから、ダイコンを播種します。

②ウリ科野菜とネギ属野菜の混作

キュウリの株元に長ネギを混植すると、枯れたりしおれたりす

キュウリとネギの混作

る土壌病害が出にくくなることが知られていますが、これは、ネギの根の表面に生息している微生物の産生する物質が、つる割れ病などの原因となる土壌病原菌を溶かしてしまうためです。長ネギの根は浅く広く伸びるので、ウリ科野菜では根が浅く広く伸びる浅根型のユウガオ、メロン、スイカにも適します[注1]。長ネギはキュウリなどの植付け時に一緒に植え付けます。

③ナス科野菜とネギ属野菜の混作

長ネギと同じネギ属のニラやニンニクにも同じような力があります。ニラは根が深く張るので、深根型のトマト、ナス、ピーマンなどのナス科野菜に効果が期待できます。トマトなどの植付け時にニラを2〜3株一緒に植え付けます。

この他にも、葉ネギがホウレンソウの萎ちょう病に、長ネギがイチゴの萎黄病に効果があることが確認されていますが、これら以外にもネギ類と相性のよい野菜や花類があるようです。そのような情報があったら積極的に試してみるのもよいかと思います。

④混植の注意点

混植する場合の注意点は4点あります。一つは、双方の植物の根が絡むようにすぐ近くに並べて植えることです。根どうしが接触しないと効果が現れないので注意します。二点目は、双方の背の高さを考えて日陰のために生育不良などがおきないように注意します。三点目は、同時に植えるので双方の植え付け適期が合うように育苗を行います。四点目は、養分収支に注意します。共栄植物を混植した場合、その分だけ養分が多く必要になるので、養分の奪い合いにならないように施肥量を増やします。

なお、ネギ類と相性の悪い野菜もあるので注意が必要です。よく知られているのはアブラナ科野菜とネギ類との組合せです。特にニラとダイコンが悪いようです。

(4) 天敵の利用

食物連鎖の中で、二次消費者である肉食の昆虫は植物を食べないので、この虫を活躍させることで、病害虫防除を行おうとするのが天敵の利用です。

天敵（虫）が虫を「食べる」方法には大きく分けて2通りあります。一つは、テントウムシがアブラムシ類を食べるように、直接捕まえて食べる方法で捕食型といいます。キャベツなどにつく

ヨトウムシ（ヨトウガの幼虫）を食べるクチブトカメムシ類や、ナスなどにつくアザミウマ類を食べるヒメハナカメムシ類、ハダニ類を食べるカブリダニ類など多くの対応が知られています。

　もう一つは虫の体内に入り込みその虫を餌に発育し、最後には虫を殺してしまう寄生型です。アブラムシ類ではアブラバチ類、ヨトウガ類ではタマゴバチ類やコマユバチ類、アザミウマ類ではアザミウマヒメコバチなどがいます。さらに、微生物も昆虫の天敵になりえます。バーティシリウム・レカニという糸状菌はアブラムシの体内に侵入し、発芽・増殖して殺虫効果をあらわします。

　捕食型では天敵が食べた時点で野菜への被害は終わりますが、寄生型の場合は一寸複雑です。寄生性天敵は寄主である幼虫に卵を産みますが、寄主はその後もしばらくは生きて野菜に被害を与えるので、害虫の密度が高いときには目に見えた効果はありません。特にアオムシ（モンシロチョウの幼虫）の天敵であるアオムシコマユバチでは、寄生率がかなり高くてもアオムシによる被害が著しいのが一般的です。しかし、天敵の寄生率が上昇すれば、次世代のアオムシの発生率低下が期待できます（注2を参照してください）。

　天敵の畑への導入方法ですが、化学合成農薬を使わずに雑草も適度にある畑条件では自然に存在します。害虫が増えれば天敵も少し遅れて増えてきます。しかし、病害虫防除として積極的に使うのであれば、そこに集める工夫が必要になります。一つには農業資材として販売されている天敵の利用です。これらは農薬として登録されていますが、現時点では実用上の点からも農薬取締法上からも、施設栽培でしか使うことができません。

もう一つの方法は、自然界にいる土着天敵を畑に呼び込む方法です。例えばアブラムシの天敵を集めるにはアブラムシを餌にするのですが、ムギクビレアブラムシが寄生したムギをプランタか鉢に植えておくと、ナナホシテントウ、ナミテントウ、アブラバチ類、ヒラタアブ類などの天敵が集まってきます。ムギクビレアブラムシは野菜には付かないので、これをキュウリなどのハウスに入れておくと、キュウリに付くアブラムシにも天敵が付いてくれます。

　また、ナス栽培では暴風対策が一つのキー技術となっていますが、暴風対策として圃場の周囲へ幅2～3mのベルト状にソルゴーを栽培すると、ナスの害虫であるミナミキイロアザミウマの圃場内への飛来を阻止する効果があります。これは、アザミウマ類の天敵であるヒメハナカメムシ類がソルゴー内で増殖するためといわれています。

　このように天敵のすみかとなる植物をバンカープランツといいますが、作物と共通の害虫は住みつかず、天敵が増殖する状況が理想的です。

(5) 資材による病害虫防除

　今まで述べてきたのは、食物連鎖や動植物の生態的特性や植物の防衛反応を活用したもので、気象など自然界の影響を強く受ける方法でした。これから述べるのは植物の防衛反応や化学的、物理的性質をもう少し直接的に利用し、より高い効果を得ようとするものです。

　植物あるいは植物由来の生成物、加工品（食品など）、植物から

の抽出物を作物に散布する方法で使うのですが、科学的に効果が実証されているものから経験的に使われているものまであり、生産者が自ら作るものや市販品など様々な種類があります。

例えば、炭焼窯の煙から採取した粗木酢液から分離した木酢液や、竹を原料とした竹酢液はpHが3前後という強酸性を示し、各種の有機酸、メタノール、フェノール類が含まれており、その殺菌力や土壌改良への効果などが注目されています。また、漢方薬に使われる生薬やニーム（センダン科で常緑多年生木本植物）、ヒノキ、パイン、月桃（ショウガ科の多年草植物）、ミントなどのハーブ類、オオバコなどの薬草、海藻など、非常に多くの植物からの抽出液が様々な形で販売されています。

また、紙巻タバコから抽出したニコチン液、牛乳、食酢や焼酎およびその調合液を自ら作り、殺虫や殺菌効果を期待して使う人もいます。

しかし、これら資材にしても、ある一剤が卓越した効力を発揮することなどは期待できず、早期発見と早期防除を前提に他の生態的防除方法と併用して使います。

(6) 早期発見と早期対策

例えば、野菜に害虫がついても最初は被害として認識できるような兆候はありませんが、実際には葉に小さな穴が開いたとか、カスリ状になるとか、見落としがちな症状はあるものです。実は、この位の密度の時に防除をするのが一番効果的です。こういった兆候を見落とすことなく発見できれば、手で取り除くだけでも十分間に合うかもしれません。また、多くの病原菌は植物の傷から

感染しますが、葉や茎そして根にある虫のつけた傷が侵入口になることが多く、虫の対策を講じることは病気の予防にもなります。

しかし、アブラムシやハダニ、アザミウマなど小さく見つけにくい虫ほど繁殖スピードが速いので、被害に気づいた時は既に大増殖していたなどということもよくあります。一般に、体長が大体2mm以下の微小害虫の発育期間は短く、平均気温が20℃程度では、産卵から次世代の産卵までは7～14日と言われていますが、このような増殖率の高い害虫は早期発見・早期防除がより大切になります。

モンシロチョウ、ヨトウガなど鱗翅目（蝶や蛾）は、年に2回から数回ほど世代交代をします。モンシロチョウの世代交代は関東以南では年に5～6回で、産卵後数日でふ化するので、成虫がヒラヒラと飛んでいたら卵と幼虫（アオムシ）もいるということになります。ヨウトウガの世代交代は年2回です。成虫は夜行性で、体色も土の色に似ているので目に付きませんが、成虫、幼虫、卵は同居しています。

これら害虫の防除で共通することは、手で取るなら卵の時、殺虫性の資材を使うなら幼虫をターゲットにします。できたら卵からふ化して間もない若齢期の幼虫を狙います。

特にヨトウガは100～1,000粒の卵を葉裏に固めて産み付け、ふ化後の幼虫はその周りに群がっているので効果的な防除ができますが、齢が進むと株全体に散らばって食べ方も激しくなり、加えて老齢になると昼間は地中に潜ってしまうので、防除は難しくなります。

コマユバチにおかされた幼虫とその体表を食い破って出てきたコマユバチの幼虫が紡いだ繭。

(注1) 栃木県は300年続くカンピョウ（ユウガオ）の産地ですが、土壌病害がほとんど出ていないそうです。栃木県農業試験場にいた木嶋博士が、ユウガオの株元にネギを混植する当地の伝承技術に着目し、ネギの根圏にいる微生物の抗菌作用を明らかにしたのは最近のことですが、昔の人はこのことを知っていたのでしょうか。

　ユウガオはうね幅6m、株間2〜2.5mで植えますが、つるが伸びて葉が畑一面を覆ってしまった時の目印のためネギを植えたという説や、モグラ対策だったという説もあるようです。いずれにしても経験的に伝承されてきた先人の知恵はすばらしいと思います。

(注2) アオムシコマユバチのアオムシへの寄生

　体長が数ミリの小さな雌蜂がアオムシの幼虫の体内に産卵し、寄生が始まります。アオムシ体内で卵がかえり、コマユバチの幼虫はアオムシの体を餌に発育しますが、生命に関わる消化管や気管などを食べはじめるのは最後で、この時点までアオムシは生きています。その後にアオムシ

の体表を食い破って外に脱出し、アオムシの上に小さな繭をつくります。アオムシは寄生されてからもキャベツを食べ続け、悪いことに寄生されるとアオムシの食欲が旺盛になるとも言われています。どうやらコマユバチは寄生すると、自分の餌を確保するためにアオムシの行動中枢を狂わせるようです。更に加えれば、アオムシの死ぬ場所はコマユバチが羽化した時に飛び立ちやすい高い所に多いのです（畑でアオムシの無残な姿を見ると、つくづく自然は残酷だと思います）。

4．雑草防除

多くの雑草は光が当たらないと発芽が誘起されないので、土壌中の雑草種子を発芽させないために光を遮断する工夫をします。一般的には土壌の表面全体を被覆します。その方法は、黒色のポリエチレンフィルムを使ったマルチ、米麦のわらによる敷きわら、大きめの刈り取った草による刈敷き（敷き草）、未熟堆肥を使ったコンポストマルチなどがあります。

扱いやすいなどの理由からポリマルチがよく使われますが、植物遺体によるマルチは作物の根や土壌微生物にも好適な環境を与え、土壌への有機物の補給にもなるので被覆の基本です。

また、欧米では牧草として利用されているマメ科ソラマメ属のヘアリーベッチという植物は、雑草の生育を抑制することが知られています。日本では果樹園の下草に利用されており、秋に播種すると翌年の6～7月には自然に枯れてマルチ化します。さらに、地中海沿岸原産で明治期に帰化したナギナタガヤも、同様な使い方で同様の効果がみかん園、ナシ園などで確認されています。野菜栽培ではこれらをうね間などに栽培し、雑草の抑制と地力の増進に役立てる方法もあります。

また、カボチャやスイカの栽培にマルチムギと称する技術があります。これはカボチャやスイカの敷わらがわりにうね間にムギを播種して、ムギの中につるを這わせる方法です。カボチャやスイカには秋播きコムギを使いますが、秋播きコムギを春に播種すると、出穂できず夏には枯れるので、茎葉のじゅうたんができて雑草防止に役立ちます。

　マルチムギ栽培では、ムギが伸びるつるの支えにもなるので、カボチャやスイカのつるが伸びだす時期にはある程度の大きさになっている必要があります。そのためにはムギの初期生育が大切で、ムギを雑草よりも早く発芽させることが重要です。

カボチャのマルチムギ栽培

5．その他の栽培技術

　野菜の栽培は栽培地の自然環境に適した種類を選び、栽培方法、品種を決めてから始まりますが、その決め方には作型の概念が重要であることは既に述べました。

　さらに、連作、輪作、間作、混作の関係を考えて、栽培する野菜の順序や組合せを決めますが、組合せる種類には野菜だけでなく、ムギや飼料作物なども含めます。そして、作物ごとの必要な休栽年数を考えて作付計画を決めます。

　例えば、野菜の土壌病害を回避するためには水稲、ムギ、トウモロコシなどのイネ科作物との輪作が有効なので、土壌病害が決定的なダメージを与えるトマトの栽培では、トマトを5年間休んでいる間に、ムギ→サツマイモ→レタス→キュウリ→ムギ→サツマイモ→レタス→ネギ苗→ムギ→サツマイモ→キャベツでトマトにもどる輪作が考えられます（トマトは5月定植の露地早熟栽培で、その後は冬作→夏作の順で示しました）。

　次に播種から収穫までの作業についてですが、農作業は耕起→施肥→うね立て→播種→移植→定植→栽培管理（整枝、潅水、追肥、病害虫防除など）→収穫の順に進みます。

　主な作業項目について、作型別に具体的な方法を参考資料として巻末に示しましたが、取り上げた作型は、関東以西の比較的温暖な地域を想定しており、記述内容はそこでの一事例と考えてください。また、以下は野菜栽培に共通する項目の説明です。

うね立て

播種あるいは定植のためにうねを立てることで、ここでのうね幅は通路となる部分も含んで表記し、植え床を高くする場合はベッド（植え床）の幅を示しています。ベッドの高さは、乾燥を嫌う野菜の場合には低くし、過湿になりやすい畑では高くします。

播種

点播、条播（すじまき）、ばらまきがあり、播種密度は薄播き、厚播きと表現しました。野菜の種類によっても異なりますが、一般的には薄播きのほうが良好な結果が得られます。

覆土と鎮圧

種子を播いた後で土をかけ（覆土）、押さえつけ（鎮圧）、種子の乾燥を抑えます。鎮圧は乾燥期の播種では強めに行います。覆土の厚さは種子の厚さの2～3倍が一般的ですが、レタス、ニンジンなどのように種皮が光を感じて発芽する好光性種子では薄くします。

育苗と定植

野菜栽培には、畑に直接種子を播く直播栽培と、育苗箱や苗床、ポリエチレン製ポット、セルトレイなどで育てた苗を畑に植え替えて栽培する移植栽培があり、苗を別の場所で育てることを育苗、畑に植え替えることを定植と呼びます。

育苗の目的は、軟弱な幼植物期を集中的な管理で保護する、幼植物期間を順調に育てることにより収量・品質をよくする、幼苗

段階を別のところで育てることで本圃での栽培期間を短くするなどですが、現在では生理的に移植栽培が適さない野菜以外は移植栽培が広く行われています。トマトの早熟栽培などで育苗期間が長くなる場合は、育苗中に移植（仮植）を行うこともあります。

しかし、移植は根を切ることになるので、作物の生育に悪い影響を与えることもあります。トマトでは移植時期が花芽分化期と重なると、その時の花芽が出来ないこともよくあるので、移植と定植の時期に気をつけることが大切です。

また、ダイコンやニンジンでは移植をすると植え傷みが大きく、生理的に移植栽培は適しません。また、コマツナなど栽培期間が比較的短くて栽植密度が高い野菜の場合は、経済的な面から見て移植栽培は不向きです。

Ⅳ　おわりに

　有機農業の技術について、作型、輪作、土づくり、堆肥、施肥、病害虫防除などの項目ごとに述べてきましたが、個々の技術を独立した一つの技術と考えることは適切ではありません。全てが相互に関連しながら、安定した一つの農業生態系をつくる技術と考えるのが適当だと思います。したがって、有機農業の技術はファジーでつかみ所がないと感じることも多々あるかも知れません。
　また、有機農業は、健康や環境にはよいが、手間がかかる、生産が安定しない、収量が少ないなど経済性に問題があるので、農業経営として成立させるのは難しいと考える方も多いと思います。
　しかし、これらは有機農業の特質というよりは、有限である自然資源に依拠する農業の本質だと思います。その農業の本質が現代の学問領域や産業の概念に合わないからといって、避けたり無視したりすることなく真摯に向き合うことが、今求められているのではないでしょうか。なぜなら、農業は人間が生きるために必要な食料と環境を作り得る産業であり、私たちが健康に生きるためには健全な農業が必要だからです。
　さて、有機農業の技術は、本当に経営的に成り立たない技術なのでしょうか。おびただしい数の化学物質を、あるいは遺伝子工学を取り込んだ‘現代最高レベル’の農業技術の方が本当に優れているのでしょうか。私には、自然生態系の営みから力を借りた

有機農業が、農業技術としてみれば一番合理的に思えてなりません。農業生産としての合理性を求めるならば、有機農業に行き着くのではないかとさえ感じます。
　有機農業を無農薬、無化学肥料などと制約的に捉えるのは大きな間違いで、まだまだ人間が知らない新しい事実を発見しながら、新しい学問領域を切り開く可能性に満ちた分野と捉えるべきだと考えます。

＜参考資料＞

(1) トマト

作型名称等	2月	3月	4月	5月	6月	7月	8月	備考
露地早熟栽培		育苗ハウス 播種　花芽分化		雨よけハウス 定植 開花	収穫			雨よけハウスで栽培すると生産が安定します。
播種後の日数		5　19　35		62	120			模式的に示している
展開葉枚数		0　2　3　5		10	22			
主な作業とその記号		○　①　②		×				
		○発芽　①第1回移植　②第2回移植　×定植						

栽培方法	
育苗	ハウス内で行います。
播種	育苗箱か128穴のセルトレイに播種します。
仮移植	本葉2枚が展開したら3号ポット(直径9cm)に1株ずつ移植します。
移植	本葉が4～5枚の頃に4号ポット(直径12cm)に移植します。
	＊育苗期間が長いので、移植は2回行います。
定植適期	第1花房の第1花が咲いた頃です。
本圃準備	定植の3週間前に行います。
元肥	1a当たり堆肥を200kg、カキガラなどの有機石灰5kg、ぼかし肥20kgを全面に鋤き込み、つぎに、各うねの中央にできるだけ深く溝を掘り、堆肥100kg、有機石灰2kg、ぼかし肥10kgを混ぜながら施し、埋め戻してから下記のように高いうねを立てます。
マルチ	雑草対策にビニールマルチを行う場合は、露地では降雨を待ってから、ハウスの場合は十分に潅水してから、十分に湿った状態で黒マルチをします。
定植	トマトの根は深く広く張るので、高いうねで株間も十分に広く取ります。
露地	うね幅240cmで、高さ30～40cm、幅150cmのベッド(植え床)に、株間60cmで2条植えにします。植え付け後トンネルを掛け遅霜の心配がなくなる5月中旬頃に外します。支柱は外側に開き気味に立てます。
ハウス	ハウスではうね幅は150cm、ベッドは高さ30cm、幅80cmとし、株間を50cmにし1条植えにします。
(参考)	浅植えが好ましく、斜めに寝かせて植えると根量が増え生育もよくなります。
定植後の管理	
潅水	定植時に植え穴にたっぷりと行います。その後は、活着までは十分潅水し、活着後は着果が確認できるまでは潅水を控えます。
芽かき	各葉の付け根からわき芽がでますが、つゆのない日中に早めにかき取ります。
摘心	6～7段花房の上部で摘心しますが、最後の花房の上に2枚の葉を残します。さらに、摘心後は直下のわき芽など、何処か一箇所わき芽を残すように管理します(地上部の生長が止まり根の活性が落ちるのを防ぐためです)。
敷きわら	7月中旬、梅雨明け前にうね間に敷きわらをします。
追肥	生長を見ながら行いますが、目安としては奇数段の花房の着果・肥大を確認してから、それぞれの時期に1a当たりぼかし肥10kgを施します。
病害虫対策	ハウスでは1mmメッシュの防虫ネットと天敵の利用を効果的に行うと害虫はかなり防げます。また、コナジラミやハモグリバエなどの飛翔する害虫には、澱粉糊を塗った黄色や青色の粘着板に誘引・捕獲する方法や、ブロアー型の捕虫機による捕獲は効果があります。しかし、後者では天敵も捕獲するので注意が必要です。病害防止策は、風通しのよい環境管理と地温上昇を防ぐ対策等で根の健康を維持することです。
休栽年数	理想は6年ですが、ダメージの大きい病害虫の発生がなければ3年位で大丈夫でしょう。

(2) ナス

作型名称等	3月	4月	5月	6月	7月	8月	9月	10月	備考
露地早熟栽培	播種	育苗ハウス　花芽分化	定植　一番花開花	収穫					地方により栽培される品種は様々
播種後の日数	7	25　30　35	60	85					模式的に示している
展開葉枚数	0	2	5	10					
主な作業とその記号	○	①	②　×	△		□			

○発芽　①第1回移植　②第2回移植　×定植　△支柱立て・整枝・誘引　□更新剪定

栽培方法

育苗　ハウス内で行います。

播種・仮移植・移植　トマトに準じますが、ナスの根系は主根を中心に発達するので、移植を4号ポットに1回とする方が主根の切断の影響が少なく生育はよくなります。しかし、育苗の後半に肥料が切れないように注意する必要があります。

定植適期　第1花房の第1花（一番花）が咲いた頃です。ナスは通常1花房で1花しか発育しません。

本圃準備　定植の3週間前に行います。

元肥・マルチ　トマトに準じますが、施肥量は1a当たり堆肥を200kg、有機石灰5kg、ぼかし肥30kgを全面に、堆肥100kg、有機石灰2kg、ぼかし肥10kgを溝施用します。

定植　ナスの根は過湿、過乾を嫌うので、畑は排水がよく灌水が出来るところを選びます。

うね幅180cmで、高さ30cm、幅60cmのベッド（植え床）を作り、株間60cmで1条植えにします。植え付け後すぐに仮支柱を立てて誘引します。定植の深さは、鉢土の上に少し土がかかる程度の浅植えにします。灌水は前日、植え穴に十分しておき、定植時は根鉢と畑土がなじむ程度少量を行います。

定植後の管理

整枝・誘引　主茎の8～9節目に1番花をつけますが、その直下の葉の付け根から出る第1側枝と、その下の第2側枝が勢いよく伸びるので、それと主茎で3本仕立てにします。それ以下の側枝は第1・第2側枝の伸張を妨げるので除去します。一番花もその後の生育に負担となるので摘みとります。

整枝・誘引の時期は、葉が込み合いだす6月上旬頃、葉や果実は風ずれしやすいので、しっかりとした支柱と防風対策が必要です。

収穫　生食用には開花後15～20日程度の未熟果を収穫します。

追肥　最初の収穫後とその後14日おきに、ぼかし肥を1a当たり12kgを目安に施します。

敷きわら　梅雨明け以降はマルチを外し、敷きわらをして地温の上昇と乾燥を防ぎます。

剪定　ナスは2葉ごとに花をつけます。また葉の付け根からは枝が出ます。日当たりや通風をよくするため、主茎、第1・第2側枝から発生する貧弱な枝は付け根から切り取り、勢いのよい枝は2果収穫し、その先に葉を1枚残して摘心します。

更新剪定　8月上旬に、主茎、第1・第2側枝のそれぞれの分岐から葉2枚を残して剪定します。このとき株の下の方から出ている徒長枝は残して伸ばします。更新剪定は全株の3分の1程度を行うとよいでしょう。

害虫対策　緑肥作物のソルゴーをバンカープランツとして畑を囲うように3～5条植えると、害虫の被害が大幅に軽減します。

休栽年数　理想は7年ですが、それ以下のときは接木苗を利用します。

(3) ピーマン

作型名称等	3月	4月	5月	6月	7月	8月	9月	10月	備考
露地早熟栽培	播種	育苗ハウス 花芽分化	定植 一番花開花	収穫					トウガラシ、シシトウもピーマンに準じます
播種後の日数	7	30	60	85					模式的に示している
展開葉枚数	0		9 11						

栽培方法	
育苗	ハウス内で行います。
播種	
仮移植	トマト、ナスに準じます。
移植	
定植適期	本葉が8～9枚の時期です。このとき一番花は開花していません。
本圃準備	定植の3週間前に行います。
元肥	トマトに準じます。施肥量は1a当たり堆肥を200kg、有機石灰5kg、ぼかし肥20kgを全面に、堆肥100kg、有機石灰2kg、ぼかし肥10kgを溝施用します。
マルチ	
定植	うね幅150cm、高さ30cm、幅60cmのベッド（植え床）を作り、株間50cmで1条植えにします。植え付け後すぐに支柱を立てて揺れないように誘引します。定植の深さは子葉の少し下まで、深植えに注意します。灌水は事前に十分しておき、定植時は地温を下げないように根鉢と畑土がなじむ程度少量行います。
定植後の管理	
整枝・誘引	一番花の付く節から2本の分枝が出て、それぞれの1節目に花をつけ、その節から同じように分枝を2本出します。以降これを繰り返すので、ピーマンはすごい量の花をつけます。整枝は、一番花の付いた節から出る2本の分枝を伸ばし、これより下の枝はすべて切り取ります。この2本の1節目から出る4本の分枝を主枝として、以降2本出る分枝の勢いの強い方の分枝を主枝にします。
支柱	枝が折れやすいので4本の主枝には必ず支柱を立てます。
収穫	開花後15～20日程度の若い果を収穫します。
追肥	最初の収穫後とその後30日おきに、ぼかし肥を1a当たり10kgを目安に施します。
敷きわら	梅雨明け以降はマルチを外し、敷きわらをして地温の上昇と乾燥を防ぎます。
剪定	主枝以外の枝からは、3果程度収穫することとし摘心しますが、収穫が終わったら1節を残し剪定します。このとき株の内側に向く枝の着果は少なめに、外側の枝の着果は多めにします。また、株の中心部に空間ができるように徒長枝などを整理します。樹勢が落ちてきたら摘果を強め、果実の数を調節します。
休栽年数	6年です。

有機農業と野菜づくり　73

(4) キュウリ

作型名称	4月	5月	6月	7月	8月	9月	10月	備　考
普通栽培	播種	定植	収穫					4月播きで、10月まで収穫する作型もありますが、夏越しは難しいです。

栽培方法	
育苗	ハウス内で行います。
播　種	3号(9cm)ポット1個に2～3粒を播き、本葉が出たら1本立てとします。
定植適期	播種後35日くらい、本葉4～5枚ほど展開したころです。
本圃準備	定植の3週間前に行います。
元　肥	1a当たり堆肥を200kg、カキガラなどの有機石灰5kg、ぼかし肥30kgを全面に鋤き込み、つぎに、各うねの中央にできるだけ深く溝を掘り、堆肥100kg、有機石灰2kg、ぼかし肥15kgを混ぜながら施し、埋め戻してからうねを立てます。
マルチ	雑草対策にビニールマルチを行う場合は、降雨を待ってから黒マルチをします。
定　植	キュウリは浅根性で乾燥を嫌いますが、水はけが悪いと育ちません。
栽植様式	高さ30cm、幅80cmのベッド(植え床)を作り、株間60cmで1条植えにします。この時、右図のように2条を対にし、ベッドを寄せて作り、アーチ状の支柱を立てます。
植え付け	植え穴には潅水をしておき地温が高まってから植えます。植え方は鉢土が表面から少し出るくらいの浅植えにします。定植直後に仮支柱で固定し、根が揺れないようにします。
定植後の管理	
潅　水	活着までは十分潅水します。乾燥時には翌朝に水が引く程度に、夜間うね間潅水をします。
支　柱	本支柱は2m間隔で早めに立て、キュウリ用ネットを張りつるを誘引します。
整　枝	1本仕立てとし、5節までは子づる(側枝)を付け根からかき取ります。6～9節の子づるは1葉残して摘芯し、それ以上の節の子づるは2葉残します。子づるから出る孫づるは1葉残して摘芯します。摘芯は草勢を低下させることがあるので、1回に1株当たり3本以内とします。親づるの摘芯はベットの表面から1.5～1.7mの高さで行います。
摘　葉	葉が込み合ったところは随時摘葉を行いますが、1回に1株で3枚以内とします。
敷きわら	梅雨明け前にマルチを外し、敷きわらを十分に行います。
追　肥	雌花開花期から14日間隔で、1a当たりぼかし肥10kgを施します。
休栽年数	5年です。

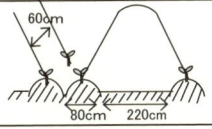

(5) キャベツ

作型名称等	9月	10月	11月	12月	1月	2月	3月	4月	5月	備考
秋播き栽培	播種	移植 定植	追肥		追肥			収穫		作りやすい作型ですが、抽だいが起こりやすいので晩抽性品種を選び播種期に注意します。
播種後の日数	5	14 35	40 55							

栽培方法

育苗	早播きは禁物、冬までに大きくなりすぎると寒さに感応し、春に抽だいしやすくなります。地床育苗とセル成型育苗があり、後者が容易です。ハウス内育苗では後半に外気に慣らします。
地床育苗	育苗箱に播種し、本葉が見えはじめた頃2cmに間引きを行い、本葉が2枚頃に移植床に12cm角で移植します。移植は3号ポット(直径9cm)でも可能です。定植時期は本葉5～6枚頃、播種後35～40日が目安です。定植1週間前にポットや株を移動させ、古い根を切り新しい根を出させます(ずらしと呼ばれます)。
セル成型育苗	128穴のセルトレイに1穴あたり3～4粒(コート種子は1粒)播種し、本葉の出はじめに2～3本に、本葉2枚の頃に1本に間引きます。定植時期は、本葉3～3.5枚、播種後30～35日が目安です。
本圃準備	定植の2週間前に行います。
元肥	1a当たり堆肥を200kg、カキガラなどの有機石灰10kg、発酵鶏ふん60kgを全面に鋤き込み、うね幅150cmで、高さ30cm、幅80～90cmのベッドを作ります。
定植	株間40cmで2条千鳥植えにします。植え方は浅植えとし、胚軸(地際部から子葉の下まで)が伸びた苗も深植えせずに斜めに傾けて植えます。
定植後の管理	
ネキリムシ	定植後間もない頃に地際部が食いちぎられる被害を見つけた時は、カブラヤガの幼虫などのネキリムシ類が必ず近くの土中にいるので、被害株の根元の土を掘って潜んでいる幼虫を捕殺します。
追肥	定植後15～20日目頃に1a当たりぼかし肥25kg、結球がはじまる頃に1a当たりぼかし肥12kgを施します。
灌水	結球期の乾燥は肥大が悪くなるので、乾燥時にはうね間に水を入れるなど灌水を行います。
休栽年数	3年です。

作型名称	7月	8月	9月	10月	11月	備考
夏播き栽培	播種	移植 定植	追肥 追肥	収穫		苗作りが難しいですが、涼しくなる頃に結球期に入るので作りやすい作型です。播種期は8月中旬まで連続的にずらすことが可能です。8月下旬までずらすと3月収穫の晩夏播き栽培になりますが、この場合の品種には晩抽性が要求されます。

栽培方法

育苗	育苗場所には強い日差しと高温を和らげるため、反射性遮光ネットやよしずの覆いが必要です。秋播き栽培に準じますが、定植時期は地床育苗、ポット育苗ともに本葉3～4枚で播種後25日を目安にします。移植床は遮光と防虫を兼ねて白寒冷紗でトンネルをかけます。
本圃準備	定植の2週間前に行います。
元肥	1a当たり堆肥を200kg、カキガラなどの有機石灰10kg、発酵鶏ふん80kgを全面に鋤き込み、うね幅150cmで、高さ30cm、幅80～90cmのベッド(植え床)を作ります。
定植	株間40cmで2条千鳥植えにしますが、植え穴には十分に灌水しておきます。植え方は浅植えとし、胚軸(地際部から子葉の下まで)が伸びた苗も深植えせずに斜めに傾けて植えます。
定植後の管理	
灌水	定植後および結球期の乾燥に十分注意し、灌水が遅れないようにします。
ネキリムシ	定植後間もない頃に地際部が食いちぎられる被害を見つけた時は、カブラヤガの幼虫などのネキリムシ類が必ず近くの土中にいるので、被害株の根元の土を掘って潜んでいる幼虫を捕殺します。
追肥	定植後15～20日目頃に1a当たりぼかし肥12kg、結球がはじまる頃に1a当たりぼかし肥12kgを施します。
敷きわら	夏の高温乾燥期の地温上昇と乾燥を防止するために、敷きわらが効果的です。

(6) ダイコン

作型名称	8月	9月	10月	11月	12月	1月	花成	備考
秋播き栽培	播種			収穫			本葉3枚前後の幼植物の時期に12℃以下の低温が続くと花芽分化します。その後の高温、長日条件で抽だい・開花します。この作型では心配ありません。	ダイコンの生理生態に適した基本作型で作りやすい。

栽培方法

ほ場準備	施肥は播種の2週間前までに行います。
元肥	1a当たり堆肥を200kg、カキガラなどの有機石灰5kgを全面に鋤き込み、幅120cmのうねを立てます。うねの高さは10〜20cmくらいで、あまり高うねにしません。次にうねの中央に溝を掘り、元肥として発酵鶏ふんを1a当たり50kgを入れて土を戻し平らにします。条間50cm、株間30cmの2条(宮重系の青首品種)植えとします。
播種と間引き	
播種	1ヶ所3〜5粒で点播します。
間引き	1回目は本葉2〜3枚の頃に2本立とし、2回目は本葉5〜6枚の頃に1本立ちにします。間引きは草勢の強すぎるもの、葉の形の悪いもの、葉色が他と違うもの、徒長したもの、胚軸が湾曲したものを取り除きます。
栽培管理	
追肥	2回目の間引き後に1a当たり15kgのぼかし肥をうね間に施用し、株元まで十分に土寄せを行います。
病害虫対策	出来るだけ遅く播くこと、播種後1ヶ月だけ防虫ネットをかけることがアブラムシ対策になります。また、反射(シルバー)マルチもアブラムシの忌避に効果があり、マルチをすることで地温が確保でき播種期を遅らせることができます。しかし、この場合、追肥と土寄せができないので全量元肥となります。なお、これらの対策はアブラムシが媒介するウイルスによるダイコンモザイク病の回避につながります。
休栽年数	2年です。

作型名称	12月	1月	2月	3月	4月	5月	6月	備考
冬播き栽培	播種	(ハウス栽培)	(トンネル栽培)		収穫			自然状態では早期の抽だいは免れません。晩抽性、耐寒性に優れた品種を使い、ハウスやトンネルを密閉することにより、抽だいを回避します。(注)
春播き栽培								初期が低温、生育につれ日長が長くなるので、品種は晩抽性が有利です。

栽培方法

ほ場準備	秋播き栽培に準じます
播種と間引き	秋播き栽培に準じますが、品種は晩抽性であることが条件です。
栽培管理	
トンネル	厚さ0.05〜0.075mm、透明の塩化ビニールを使います。
追肥	秋播き栽培に準じます
病害虫対策	反射(シルバー)マルチはアブラムシの忌避に効果があります。しかし、この場合、追肥と土寄せができないので全量元肥となります。なお、これらの対策はアブラムシが媒介するウイルスによるダイコンモザイク病の回避につながります。

(注) 花芽分化をおこす低温が日中の高温によりうち打ち消されることをデバーナリゼーションといい、30℃以上の高温が1日6時間程度あれば花成を大幅に遅らせることが期待できます。

(7) ニンジン

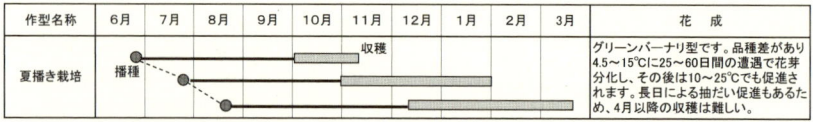

作型名称	6月	7月	8月	9月	10月	11月	12月	1月	2月	3月	花成
夏播き栽培	播種				収穫						グリーンバーナリ型です。品種差があり4.5〜15℃に25〜60日間の遭遇で花芽分化し、その後は10〜25℃でも促進されます。長日による抽だい促進もあるため、4月以降の収穫は難しい。

栽培方法

ほ場準備	施肥は播種の2週間前までに行います。
元肥	1a当たり堆肥を200kg、カキガラなどの有機石灰10kg、発酵鶏ふん60kgを全面に鋤き込み、うね幅90cmの平うねを作ります。条間45cmの2条、条播(品種は五寸ニンジン)とします。
播種と間引き	
播種	播種前に十分灌水をしておき、鍬幅で浅く溝をつけて、その播き溝に種子をばらまきします。種子が隠れる程度に覆土を行った後に鎮圧します。鎮圧は重要で多少強目でも問題ありません。その上に乾燥防止のために切りわらやもみ殻をまいておきます。 ＊ニンジンは種子の吸水力が弱いので畑が湿っていないと発芽しません。雨を待ってからの播種が理想的です。 もし、発芽に失敗し追い播きをする場合には四寸ニンジンか三寸ニンジンにします。
間引き	本葉4〜5枚の時期に、1回目で15cmの株間にします。間引きは残した株の茎葉も傷めやすいので、丁寧に少ない回数で行うのがこつです。傷をつけると病害の発生も多くなります。
栽培管理	
追肥と土寄せ	間引き後に1a当たり15kgのぼかし肥を条間に施用し、株元まで十分に両側から土寄せを行います。
病害虫対策	キアゲハの幼虫が付くので、小さいうちに見つけしだい捕殺します。
休栽年数	1年ですが、センチュウ等の被害がない場合は3年程度は連作可能です。

(8) レタス

作型名称	8月	9月	10月	11月	12月	1月	花成	備考
秋播き栽培	播種			収穫 トンネル被覆			高温で花芽分化・抽だいが促進されます。花成は長日とともに温度が20〜25℃と高まるほど速くなり、特に夜温が高いと早まります。	玉レタス(一般的な結球レタス)の中心的な作型です。

栽培方法

育苗	
セル成型育苗	128穴のセルトレイに1穴あたり3〜4粒(コート種子は1粒)播種しますが、播種前に培土は十分潅水しておきます。覆土は種子が見えない程度にうすくし、鎮圧も軽くします。間引きは本葉の出はじめに2〜3本に、本葉2枚の頃に1本にします。暑さの中での育苗なので寒冷紗によるトンネル(日よけ)が必要です。 定植時期は、本葉3〜4枚、播種後25〜30日が目安です。
本圃準備	施肥は定植の2週間前に行います。
元肥	1a当たり堆肥を200kg、カキガラなどの有機石灰15kg、発酵鶏ふん70kgを全面に鋤き込み、うね幅150cmに幅90cm、高さは15cmのベッド(植え床)を作ります。株間30cmで3条千鳥植えとします。
マルチ	降雨を待ってから、土が十分湿った状態で黒色マルチをします。レタスは浅根性で細かい根が表層に多く分布するので、マルチによる土壌水分の保持はレタスの生育促進に有効です。
定植	浅植えにします。
間引き	1回目は本葉2〜3枚の頃に2本立ちとし、2回目は本葉5〜6枚の頃に1本立ちにします。間引きは草勢の強すぎるもの、葉の形の悪いもの、葉色が他と違うもの、徒長したもの、胚軸が湾曲したものを取り除きます。
定植後の管理	
追肥	定植の一ヶ月後に1a当たりぼかし肥25kgを条間に、マルチに切れ目を入れて施します。
トンネル管理	結球後は寒害を受けやすいため、11月に入ったらトンネル被覆により保温しますが、トンネル内が25℃以上にならないよう換気をします。このときトンネルに穴あきフィルムを利用すると換気の省力が図れます。
休栽年数	2年です。

(9) ブロッコリー

作型名称	7月	8月	9月	10月	11月	12月	1月	2月	花成	備考
夏播き栽培	播種	定植		収穫(早生種)		(中～晩生種)			花芽分化には、早生種が本葉5～6枚で15℃・3～4週間、晩生種で本葉15枚で10℃以下の低温を要します。	高温から適温に向う時期でブロッコリーの基本作型ですが、収穫期に対応した品種の選択が必要です。

栽培方法

育苗	育苗場所は、強い日差しと高温を和らげるため、反射性遮光ネットやよしずの覆いが必要です。
地床育苗	育苗箱に播種し、本葉が見えはじめた頃2cmに間引きを行い、本葉が2枚頃に移植床に15cm角に移植します。移植は3号ポット(直径9cm)でも可能です。定植時期は本葉5～6枚頃、播種後30～35日が目安です。
セル成型育苗	128穴のセルトレイに1穴あたり3～4粒(コート種子は1粒)播種し、本葉の出はじめに2～3本に、本葉2枚の頃に1本に間引きます。定植時期は、本葉4～5枚、播種後30～35日が目安です。
本圃準備	定植の2週間前に行います。
元肥	1a当たり堆肥を200kg、カキガラなどの有機石灰15kg、発酵鶏ふん80kgを全面に鋤き込み、うね幅150cmの平うねを作ります。
定植	株間45cmで2条千鳥植えにします。植え方は浅植えにします。
定植後の管理	
潅水	定植後に乾燥するようならうね間潅水をします。
追肥	定植後14日目頃に1a当たりぼかし肥20kg、蕾が見えたら同じく12kgを施します。 *ブロッコリーは出蕾までの葉数が多く大きいほど収量が多くなるので、初期生育がスムーズに行くように潅水・追肥を行います。
休栽年数	3年です。

(10) ホウレンソウ

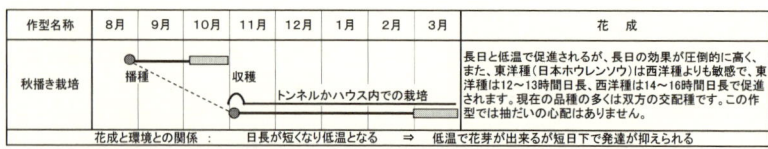

作型名称	8月	9月	10月	11月	12月	1月	2月	3月	花成
秋播き栽培	播種 →→		収穫	トンネルかハウス内での栽培					長日と低温で促進されるが、長日の効果が圧倒的に高く、また、東洋種(日本ホウレンソウ)は西洋種よりも敏感で、東洋種は12〜13時間日長、西洋種は14〜16時間日長で促進されます。現在の品種の多くは双方の交配種です。この作型では抽だいの心配はありません。
花成と環境との関係:		日長が短くなり低温となる			⇒		低温で花芽が出来るが短日下で発達が抑えられる		

栽培方法	
ほ場準備	施肥は播種の2週間前までに行います。
元肥	1a当たり堆肥を200kg、カキガラなどの有機石灰20kg、ぼかし肥50kgを全面に鋤き込み、うね幅120cmの平うねを作ります。条間20cmの3条、条播とします。 ＊堆肥、有機石灰は1年間の施肥量です。ぼかし肥の施用量は、連作の場合2作目以降は1a当たり15kg程度にします。 ＊乾燥する時期のうね立ては施肥だけ済ませておいて、播種の直前に行います。そのほうが土が乾かないうちに播種できます。
播種と間引き	
播種	播種前に播床は十分湿らせておきます。種子は1cm幅に薄播きにし、覆土を行った後に鎮圧しますが、鎮圧は足で踏んでも大丈夫です。さらに、その上に乾燥防止のためにもみ殻をまきます。
べたがけ	播種後に寒冷紗をべたがけします。べたがけは本葉2〜3枚の時期に外します。
間引き	本葉3〜4枚の時期に株間10cm程度に間引きます。間引きがいらない程度の薄播きが理想です。
栽培管理	
追肥	追肥は生育を見ながら行いますが、通常は越冬栽培になる場合のみ、1a当たりぼかし肥10kg程度を施します。
害虫防除	飛翔害虫にはブロアー型の捕虫機の利用が効果的です。
休栽年数	連作可能ですが、ベト病、タンソ病が発生していたら、2年程度作付けを止めます。

作型名称	2月	3月	4月	5月	6月	7月	8月	9月	備考
春播き栽培		↑ハウス 播種 →→		収穫	↑雨よけハウス				長日に鈍感な西洋種や交配種を使います。東洋種は使えません。 3月播き栽培はトンネルでも可能です。
花成と環境との関係:			日長が長くなり温度が上昇する			⇒	長日に感応して花成がはじまり、温度上昇でさらに促進される		

栽培方法	
ほ場準備	施肥は播種の2週間前までに行います。
元肥	秋播きに準じる。
播種と間引き	
播種	播種前に播床は十分湿らせておきます。種子は1cm幅に薄播き、覆土を行った後に鎮圧しますが、鎮圧は足で踏んでも大丈夫です。さらに、その上に乾燥防止のためにもみ殻をまきます。秋播きよりも多少厚播きにします。
べたがけ	播種後に不織布をべたがけします。べたがけは本葉2〜3枚の時期に外します。
間引き	本葉3〜4枚の時期に株間8cm程度に間引きます。間引きがいらない程度の薄播きが理想です。
栽培管理	
追肥	行いません。
害虫防除	飛翔害虫にはブロアー型の捕虫機の利用が効果的です。

(11) ジャガイモ

作型名称	2月	3月	4月	5月	6月	7月	備考
春植え栽培	植え付け				収穫		ジャガイモは腋芽であるストロン（匍匐枝）が肥大した「塊茎」です。生育適温は15～24℃、比較的冷涼な気候を好みますが霜には弱いです。酸性土壌に強く、アルカリ土壌ではそうか病が発生しやすくなります。

栽培方法

ほ場準備	砂質土が適します。施肥は植え付けの2週間以上前までに行います。
元肥	1a当たり堆肥を200kg、発酵鶏糞50kgを全面に鋤き込み、幅120cmのうねを立てます。うねの高さは20～30cmの高うねにします。条間60cm、株間25～35cmで2条植えとします。
種いもと植え付け	
種いも	1アール当たり20kgを用意します。種いもは前日に1個50g程度になるよう縦に切り、切り口を日陰で乾かしてから植えます。植え付け時期が低温になるため、催芽促進と芽の充実のため植え付け前の20～30日間浴光処理を行います。(注)
植え付け	深さ10cmの植え溝を掘り、切り口を下にして並べ覆土します。小さな種いもは切らずにそのまま利用します。
栽培管理	
芽欠き	芽が10～15cmに伸びた頃に、勢いのよい芽を1～2本残してその他は取り除きます。
追肥	芽欠き後とその2週間後に1アール当たりぼかし7kgを施します。
中耕・土寄せ	追肥時に行いますが、いもが地上部に露出すると緑色になりますのでしっかりと行います。
収穫	掘り取りは、ほ場が乾いている晴天の日を狙って行います。
休栽年数	4～5年です。

(注)浴光は、種いもを網袋に入れるか、すかし箱に3層程度に入れ、充分に光を当て芽の生長を抑制しながら育芽します。これによって節数が増し、強健な萌芽ができます。ハウス内では、昼間は15～20℃とし高温を避け、夜はマイナスにならないように保温を行います。

作型名称	8月	9月	10月	11月	12月	1月	備考
秋植え栽培	植え付け				収穫		春植えに準じます。

栽培方法

ほ場準備	粘質土が適します。施肥は植え付けの2週間以上前までに行います。
元肥	春植えに準じます。
種いもと植え付け	
種いも	1アール当たり20kgを用意します。種いもは前日に1個50g程度になるよう縦に切り、切り口を日陰で乾かしてから植えます。
植え付け	深さ10cmの植え溝を掘り、切り口を下にして並べ覆土します。秋植えは腐りやすいので小さな種いもは切らずにそのまま利用します。また、高温乾燥期の植え付けになりますので、夕方気温が下がってから行います。
栽培管理	
芽欠き	春植えに準じます。
追肥	
中耕・土寄せ	
収穫	掘り取りは、ほ場が乾いている晴天の日を狙って行います。

著者：佐倉　朗夫（さくら　あきお）

[略歴]
1951年神奈川県生まれ。東京教育大学農学部卒業。神奈川県農業総合研究所等を経て、現在は、明治大学農学部特任教授

[主要著書]
『有機農業の経営的発展──神奈川県横須賀市「横須賀・長井有機農法研究会の事例』（農No. 233、農政調査委員会、1997年）、『有機・無農薬の野菜作り』（共著、ブティック社、2002年）、『農業と環境』（共著、農林統計協会、2005年）など。

筑波書房ブックレット　暮らしのなかの食と農　⑳
有機農業と野菜づくり

定価は表紙に表示しております

2004年4月30日	第1版第1刷発行
2010年3月30日	第1版第2刷発行
著　者	佐倉朗夫
発行者	鶴見治彦
発行所	筑波書房

〒162-0825　東京都新宿区神楽坂2-19　銀鈴会館内
電話03-3267-8599　郵便振替00150-3-39715
URL　http://www.tsukuba-shobo.co.jp

印刷／製本　平河工業社　装幀　古村奈々＋Zapping Studio
© Akio Sakura 2004 Printed in JAPAN
ISBN978-4-8119-0260-9 C0036